魂でもいいから、そばにいて

3・11後の霊体験を聞く

奥野修司

新潮社

魂でもいいから、そばにいて

3・11後の霊体験を聞く

∞

目次

魂でもいいから、そばにいて

3・11後の霊体験を聞く

旅立ちの準備

死者・行方不明者一万八千人余を出した東日本大震災。その被災地で、不思議な体験が語られていると聞いたのはいつのことだったのだろう。多くの人の胸に秘められながら、口から口へと伝えられてきたそれは、大切な「亡き人との再会」ともいえる体験だった。同時にそれは、亡き人から生者へのメッセージともいえた。

津波で流されたはずの祖母が、あの朝、出かけたときの服装のままで縁側《えんがわ》に座って微笑《ほほえ》んでいた。夢の中であの人にハグされると体温まで伝わってきてうれしい。亡くなったあの人の携帯に電話をしたら、あの人の声が聞こえてきた。悲しんでいたら、津波で逝《い》ったあの子のおもちゃが音をたてて動いた——。

これから僕が書こうとしているのは、こうした「不思議な」としか形容できない物語ばかりである。誰にでもわかるという普遍性がないから、それを信じようと信じまいと僕はかまわない。再現性もないから、それが正しいかどうかを証明することもできない。ただ僕は、僕なりにその人の体験がたしかであろうと判断したものをここでご紹介するだけだ。事実であるかもしれないし、事実でないかもしれないが、確実なのは、不思議な体験をした当事者にとって、それは「事実」であるということである。

東日本大震災の二年後から、僕は毎月のように被災地に通いつづけた。なにやらそうしないといけないような気がして、まるで仕事にでも出かけるかのように通った。ボランティアではない。もちろん物見遊山《ものみゆさん》ではない。それは霊体験ともいえる、きわめて不思議な体験をした人から話を聞くことだった。なぜそんなものに興味を示したか、すこしばかり経緯を説明しておいたほうがいいだろう。

震災の翌年、僕は、在宅緩和医療のパイオニアとして宮城県で二千人以上を看取った岡部医院の岡部健《たけし》さんと毎週会っていた。がんの専門医であった彼に胃がんが見つかり、余命十ヵ月と宣告されながら、僕が会ったときはすでにその十ヵ月が過ぎていた。僕が彼の話で注目したのは「お迎《むか》え」という現象だった。「死の間際に亡くなった両親があらわれた」といったように、自身の死の間際にすでに亡くなった人物や、通常は見ることがない事象を見ることを「お迎え」というが、僕の小さい頃は日常的に使われていた言葉だった。それがいつの間にか幻覚・せん妄《もう》になっていたのである。それが僕の中でずっと未消化のまま残っていて、岡部さんに会ったとき、ちょっと失礼かなと思いながらこうたずねた。

「お迎えって信じますか?」

すると岡部さんはじろっと僕をにらみ、「お迎え率って知らねえだろ。うちの患者さんの四十二％がお迎えを経験してるんだ。お迎えを知らねえ医者は医者じゃねえよ」

伝法な口調で吐き捨てた。

僕はうれしかった。

今から千年以上も前に、天台宗の僧・源信を中心とした結社が比叡山にあった。彼らは亡くなっていく仲間の耳元で、今何が見えるかと囁《ささや》き、末期《まつご》の言葉を書き留めたという。死ぬ直前に極楽か地獄を見ているはずだから、最期に何を見たか、死に逝《ゆ》く人は看取る人に言い残すことを約束したのである。このとき何かを見たとすれば「お迎え」に違いない。千年も前からお迎えがあったなら、お迎えは特殊な現象ではなく、人が死んでいく過程で起こる自然現象と考えたほうがいいのではないか。そんな思いを、このとき僕は岡部さんとはじめて共有できたのだ。

お迎えの話に導かれるように耳に入ってきたのが被災地の「幽霊譚《ゆうれいたん》」だった。

実際、僕が聞いた話にこんなものがある。たとえばタクシーの運転手だ。

「古川駅（宮城県）から陸前高田（岩手県）の病院まで客を乗せたんだが、着いたところには土台しか残っていなかった。お客さん！　と振り返ったら誰も乗っていなかったんだよ」

仙台のある内装業者は、一緒に食事をしたときにふっとこんな話を漏らした。

「震災の年の夏だったが、仮設住宅で夜遅くまで工事をしていたら、いきなり窓から知らない人がいっぱい覗《のぞ》いていた。そのとき頭の中に若い女性の声で『わたし、死んだのかしら』なんて聞こえた。驚いてあらためて窓を見たが、年寄りの幽霊ばっかりだった」

またある女子大生の話。

「閖上《ゆりあげ》大橋のあたりに行くと、高校時代にいつもそこで待ち合わせていた親友が立っているんです。でも、その子はお母さんと一緒に津波で流されたはずなんです」

ある婦人のこんな話もある。

「ある日、ピンポンと鳴ったのでドアを開けると、ずぶ濡《ぬ》れの女の人が立っていました。おかしいなと思ったのですが、着替えを貸してくださいというので、着替えを渡してドアを閉めたら、またピンポンと鳴った。玄関を開けると、今度は大勢の人が口々に、〝着替えを！〟と叫んでいた」

石巻では、車を運転中に人にぶつかった気がするという通報が多すぎて、通行止めになった道路もあると聞いた。まるで都市伝説のような恐怖体験だが、当時はこんな話は掃《は》いて捨てるほどあったのである。

「これはお迎えと同じだよ。きちんと聞き取りをしたほうがいいんだがな」と、岡部さんはさりげなく僕の目を見て言う。

お迎えは、僕の中で実体験としてあるが、霊体験となるとそうはいかない。当時の僕にすればUFOを調べろと言われているようなものだった。

「近代科学は、再現性があることが原則でしょう？　幽霊話はどうも……」

「だめかい」

「気が乗らないですねえ」

「だけどよ、被災した人の二割が見たという話もあるぜ。二割といやあ、たいへんな数だ。お迎えと同じじゃねえかい？」

　でも僕は首をたてに振らなかった。

　それからしばらくして、岡部さんから電話があった。ちょっと話したいことがあるという。何事かと思って駆けつけてみると、岡部さんは「幽霊話はよくなかったな」と、ちょっと神妙な声でこんなことを言った。

「お迎え現象は、臨終に近づくにつれて訪れる生理現象で説明できるが、幽霊は正常な意識を持ちながら、身体的にも異常がないのに発現する現象だ。それも個人史や宗教観は関係なしに出てくる。つまり脳循環の機能が低下したとか、そういう生理現象ではないということだ。おそらく、この社会が合理的ですべて予測可能だと思っていたのに、それが壊れたときに出てくるんじゃないか」

「つまりこの大震災のように、電気が消え、拠《よ》って立つ土地が流され、建物という建物が流されて社会が壊滅したときに？」

「そうだよ。おそらく集合的無意識のように、人間の奥深いところに組み込まれたもので、強い恐怖が引き金になってあらわれるのだろう。人間が予測不可能な大自然の中で生きぬくための能力だったのかもしれない」

「闇があった時代ならそうでしょうね」

「柳田國男《やなぎたくにお》が書いた『遠野物語』も、考えてみればお化けの物語だよ。ところが、第九十九話で柳田は、男が明治三陸地震の津波で死んだ妻と出会う話を書いているよな。妻が結婚する前に親しかった男と、あの世で一緒になっていたという話だ。なんでわざわざ男と一緒に亭主の前に出てくるのかわからんが、死んだ女房に逢《あ》ったのに、怖いとはどこにも書いていない。恐怖は関係ないんだ。つまり家族の霊に出会ったときは、知らない人の霊に出会うときの感情とはまったく違《ちが》うということじゃないか？」

沖縄戦のさなかに、北部にあるヤンバルという山中で逃げまどっているとき、先に戦死した兄の案内で九死に一生を得たといった霊的体験を沖縄で何度か聞いたことがある。それを語ってくれた老人は、一度も怖いと言わなかったことを僕は思い出した。

「霊としてあらわれた死者と、霊に遭遇した生者のあいだに物語があったかどうかの違いかもしれませんね」

「そうだろうな」

「だからといって霊があるとは言えませんよね」

「なんで？　霊があったっていいじゃない。特殊な現象があったっていいだろ？　今の科学はそれに対処してないんだから。科学は観察した領域の再現性で誇《ほこ》れても、そのへんの問題なんてわからんだろ。少なくとも『遠野物語』で書かれた男にとって、死んだ女房の霊に逢ったことは事実だよ」

「霊は科学で認識できないが、霊に遭遇した生者にとっては事実であると?」

「人間が持つ内的自然というか、集合的無意識の力を度外視してはいかんということだよ。それが人間の宗教性になり、文化文明を広げていったんじゃないかね」

それにしても、一九九五年の阪神・淡路大震災のときは、霊的体験などそれほど語られなかったのに、東日本大震災ではなぜ多いのだろうか。あるいは、東北には土着の宗教心がしっかり根づいていて、霊魂を信じる感覚が今も息づいているからではないだろうか。震災の直後に瓦礫《がれき》の中を「ご位牌《いはい》が、ご位牌が」と探し回っていた被災者がたくさんいたことでもそれは想像できる。

岡部さんは、岡部医院の看護師が津波で流された場所に立ったとき、人間の「死」を個人の死ではなく、大自然という大きな命の下につながって生きていた生命体が、大きな命に帰るという感覚が舞い降りたという。それを彼はイワシの群れにたとえ、人間はイワシの群れの一匹なのだと言った。作家の五木寛之氏が『大河の一滴』の中で親鸞《しんらん》の「自然法爾《じねんほうに》」を、〈すべての人は大河の一滴として大きな海に還《かえ》り、ふたたび蒸発して空に向かう〉と説明したのも同じことだ。本来、人間には大自然という大きな命の一部だという感覚があり、それが人間の宗教性を培《つちか》ってきた。東北にはそういった宗教心が、今も潜在意識の中でしっかりと流れていて、それが霊を見たり感じたりさせるのだろうか。大自然という大いなる命を、「あの世」、もしくは「彼岸《ひがん》」に置き換えればわかりやすいかもしれない。

「生者と死者をつなぐ物語がキーポイントかもしれませんね」、僕は言った。

すると、岡部さんはこんな話をした。

「石巻のあるばあさんが、近所の人から『あんたとこのおじいちゃんの霊が大街道（国道三百九十八号線）の十字路で出たそうよ』と聞いたそうだ。なんで私の前に出てくれないんだと思っただろうな、でもそんなことはおくびにも出さず、私もおじいちゃんに逢いたいって、毎晩その十字路に立っているんだそうだ」

切ない話だったが、それを聞いてほっとすると同時に、思わず胸が高鳴った。これまで霊を見て怖がっているとばかり思っていたのに、家族や恋人といった大切な人の霊は怖いどころか、それと逢えることを望んでいる。この人たちにとって此岸《しがん》と彼岸にはたいして差がないのだ。たとえ死者であっても、大切な人と再会できて怖いと思う人はいない。むしろ、深い悲しみの中で体験する亡き人との再会は、遺《のこ》された人に安らぎや希望、そして喜びを与えてくれるのだろう。

「ちいっとやる気になったかい」

亡くなる三ヵ月ほど前のことで、がんは体のあちこちを侵食していたからソファーの上で横になったままだったが、岡部さんは子供のようなキラキラとした目で言った。

「え、まあ……」

なんだか丸め込まれたような感じで素直に承諾するのは悔しかったが、死者と逢いたいと願う生者の物語を聞いてみたいという気持ちがふつふつとわき上がってきて、こりゃ腰《こし》を上げるしかないよなあ、と自分に言い聞かせていた。

こうして僕は、津波で逝ったあの人との「再会」ともいえる物語の世界へ一歩踏み出すことになる。

東日本大震災の死者・行方不明者一万八千人余——。たしかに地震による人的被害としては最大級の数だが、こんな数字にどんな意味があるのか。第二次世界大戦による日本人の死者は三百万人といわれても、たしかにすごい数には違いないが、戦争を知らない人間には記号でしかない。死者・行方不明者一万八千人という数字も、縁のない人間には、やがて時間とともに無機質な記号になっていくことだろう。妻や子供はいたのだろうか、最愛の人はいたのか、どんな音楽を聴いていたのか、なにもわからないまま記号だけが人から人へと伝えられていく。生きていた一万八千人には一万八千通りの物語があったはずだ。

遺された人にも一万八千通りの、いやそれ以上の物語があったはずだ。不思議な体験も、この物語とつながっている。この不思議な体験を聞き取ると同時に、生き残った者が、彼岸に逝った大切なあの人との物語をどうやって紡《つむ》ぎ直そうとしたのか、できるだけ多く記録しておきたい——。まだ瓦礫が散乱している被災地を歩きながら、僕はぼんやりとそんなことを考えていた。

春の旅

1 『待っている』『どこにも行かないよ』

亀井繁さんの体験

僕は仙台駅で常磐線に乗り換えると、宮城県南部の亘理《わたり》郡へと向かった。東北本線と常磐線が分かれるあたりから風景は一変する。車窓から見える景色は北部と違い、空はどこまでも広く、そして低い。地上はまるで開拓前の原野のように海岸線までまっ平らだった。かつてあった建造物は津波で次々となぎ倒されたのだろう、軒《のき》を連ねていた集落も、痕跡《こんせき》といえばコンクリートの土台だけで、剝《は》ぎとられたように跡形《あとかた》もなくなっていた。このあたりだけで一千人近い人が津波で亡くなったという。

亘理駅に着くまでの三十分、僕はたまたま隣に座った元イチゴ農家だという老人と言葉を交わすことになったのだが、老人によると、このあたりはイチゴ栽培が盛んで、ハウスのほとんどが津波で流されたが、今は震災前の状態まで復旧したそうだ。しかし、ハウスといっても、実は想像する以上に高額で、家一軒買えるぐらい高価である。

「よく知ってるね。津波で流された農家で再建する金がある人はわずかかよ。震災後は都会から資金を持った人たちがやってきてハウスを内陸部に再建し、わしらのようなイチゴ農家の高齢者を雇《やと》っているんだ」

　老人とそんなたわいもない話をしているうちに、三十分は瞬《また》く間に過ぎていった。そして亘理駅で代行バスに乗り換えた僕は、相馬《そうま》方面へと向かった。

　バスを降りると、すでに亀井繁さん（44）が待っていた。僕らはまず、繁さんたち家族が住んでいた自宅の跡地に向かった。

　車は国道六号線を南へと向かう。左手には太平洋がうっすらと見えた。おそらく海岸線まで距離にして三キロ未満だろう。

「震災のとき、津波はこの道路の百メートル手前まで来ていました」

　このあたりの海岸は、砂浜がそのまま海の中まで延びているような遠浅《とおあさ》で、漁業といっても北寄貝《ほっき》やカレイなど砂地に棲《す》む魚介類が主産物である。江戸時代まではこの砂浜に塩田《えんでん》が広がっていて、それと並行するように仙台と江戸を結ぶ「江戸浜街道」があった。浜街道というから、海岸通りだったのだろうか。風光明媚《ふうこうめいび》な土地で、海岸地帯は〝宮城の湘南〟といわれ、赤痢《せきり》菌を発見した志賀潔《きよし》をはじめ、仙台の文人墨客《ぶんじんぼっかく》が多く住んでいたという。

　多くの建物が流されて跡形もなくなったが、道路も整備されて、農業用ハウスや工場も建ち始め、かつて国道六号線あたりにまで津波がやってきたとは、想像もできないほど復興がすすんでいた。だが、車の中で繁さんはこんなことを言った。

「復興や支援というと、ほとんどがお金や経済の話になります。それも必要には違いないのですが、大切な人を喪《うしな》った遺族には、何年経っても復興はないのです」

車が風を切る音だけが聞こえてくる。

自宅跡は駅のそばにあった。海が近いのか潮《しお》の香がする。駅前にはキオスクのような雑貨屋が一軒あり、住宅が密集していたそうだ。今はその痕跡をとどめるだけでただの原野である。僕のようなよそ者にはなかなか実感できないが、震災前を知る人には衝撃的な風景に違いない。田舎とはいえ、軒を連ねていた町が、まるで神隠しにあったように消えたのである。

繁さんは道路の真ん中に立って目を細めた。こうすると、震災前の人の住まう町並みがよみがえってくるそうである。

「こういうところに来ると、何年経っても信じられないですね」

繁さんはぽつりと言った。そして山手のほうを指さしながら言った。

「家はあの国道まで流されました」

当時、この家にいた一歳十ヵ月の次女と、三十九歳の妻は、建物もろとも津波に流されたという。ここは妻の実家だった。妻は一人娘だったため、その両親をおもんぱかって一緒に暮らすことにしたのだそうだ。

亘理郡を津波が襲ったあの日、繁さんは介護施設で働いていて、当時、小学四年生の長女は自宅から一キロほど先の学校に行っていた。

「長女は助かったんですか？」

「ええ、義理の父親が自宅から迎えに行ったのですが、家へ戻ろうとしたところで津波が見えたので、慌《あわ》てて高台にある神社に逃《のが》れたようです。登った直後に津波が神社の下まで来たというから危機一髪でした。もし自宅のほうに向かっていたら、娘も義理の父も亡くなっていたかもしれません。本当にギリギリでした。親が迎えに来れなかった小学校の生徒たちは、校舎の屋上に避難して助かったそうですが、先生たちは、うちの娘も亡くなったものと思っていて、震災後に再会したときはびっくりしていました。

家に残った妻は小さい次女と一緒に、おじいちゃんとお姉ちゃんの帰りを待っていたのかもしれません。あのあたりは十数メートルの津波だったそうです」

「いまさらですが、お姉ちゃんを迎えに行くとき、その車で奥さんたちも一緒に逃《に》げればよかったですね」と僕は言った。

「実は車じゃなかったんです。自転車だったんです」、繁さんが声を落とすとしばらく沈黙がつづいた。

「あとでわかったのですが、義母が車で病院に行ったため車がなく、義父は自転車で長女を小学校まで迎えに行ってくれました。もう一台車があればとか、そういうことを悔やむとキリがないのですが、ああだこうだと悩みつづけるのが遺族なんです」

繁さんが働いていた介護施設は、自宅から車で十分ほどの内陸部にある。そのことも繁さんを後悔させていた。

「目と鼻の先なのですから、すぐに駆《か》けつければよかったんです。それなのに、施設のオープニングからいるものだから、つい私も残りますと言っちゃったんです。

職場はお年寄りの施設ですが、高台にあるのだから津波が来るわけがないんです。地震後も危険がないか見回る程度でした。それを考えると、自分の大事な人を助けに行かなかった悔しさは募《つの》るばかりです。今も罪悪感はものすごくあります。ここから何分かかるんだ、十分じゃないか、行こうと思えば行けたのにと、頭の中でずーっとその繰り返しです。いくら悔やんでも悔やみきれません。あのとき、誰に何と言われようと家族を迎えに行けばよかった。津波はリアス式の三陸に来るもの、何かあればニュースになるだろうと思い込み、津波を想定しなかったのが間違《まちが》いでした。

妻とは電話も繋《つな》がらず不安な時間を過ごしましたが、しばらくすると、気仙沼《けせんぬま》は火の海だとか、仙台の荒浜にたくさんの遺体が上がっているとか、恐ろしいニュースがワンセグで流れてきたのです。でも、このあたりのことはニュースに流れないから大丈夫かなと思っていました。日が暮れてからようやく職場を出て自宅を見に行こうとしたのですが、すでに一面が水面下になっていて近づくことができませんでした。

翌朝、日が昇ったので町の方を見ると、人が住んでいたあたりは沼地のようになり、山側には一面に瓦礫が散乱していました。避難所に行ってみましたが、妻も娘も避難していませんでした。あんな平地で逃げる先があるはずもなく、逃げ遅れたのだろう、もうだめかもしれないと思うと涙がこみ上げてきて、人目もはばからずにわんわんと泣いてしまいました。あのとき、自分の大切な人を、なぜ真っ先《まさき》に助けに行かなかったのか。地震から津波が到達するまで一時間もあったと知ったときの悔しさ……。時間があったはずなのにと、繰り返し繰り返し自分を責めました。この罪悪感は今も続いています。

妻と娘が発見されたのは、あの日から二週間経ったころです。二週間もあの冷たい中に晒《さら》されていたのかと思うと、しばらく風呂には入れませんでした。自分だけ温かいお風呂につかるなんて、妻や娘に、ほんとに申し訳ないと思ったのです」

あたりはコンクリートの土台しか残っていない。ここもやがて土盛りの下になるのだろうか。自宅の跡地に立つ繁さんにたずねると悲しそうな顔をした。

「土台だけでもあれば、あの時のことを思い出せます。ここがなくなると、私には慰霊の場がなくなるんです。遺族はみんなそう思っています。どっちみち町は人口だって少ないんだし、使い道がないんだったら、いじらないでそのままにしてほしい。亡くなった人と共に生きるというか、遺族はそう思いながら人生の残りを生きたいんです」

現在、繁さんは遺された長女と、繁さんの実家で暮らしている。そこは高台で、津波の影響はほとんどなかったそうだ。その長女も今は高校生になった。

仏壇は六畳の部屋にあり、花嫁衣裳のベールにつつまれていた。位牌の奥に立てかけられた額縁の中で、繁さんの妻が小さな次女を抱っこして笑っていた。仏壇の周りは供《そな》え物で溢《あふ》れている。津波で子供を喪った遺族はどこもそうだが、わが子の好きなおもちゃや食べ物のほか、思い出の品が所狭しと仏壇を囲んでいることはめずらしくない。ここでも、瓦礫から見つかったお絵かきボード、羽子板、ピカチュウの縫《ぬ》いぐるみ、ミッキーマウス、アンパンマンの人形やボールなど、部屋がこれらの品で埋もれるのではないかと思えるほど溢れていた。

長女は、亡くなった母や妹のことについては何も言わないが、買ってもらったものやゲームセンターでとったものまで、必ず仏壇に報告して供えるという。

仏壇の前には大きな骨壺と小さな骨壺が並んでいた。妻と娘の遺骨だろう。子供を喪った遺族の多くは納骨していない。あの冷たい墓の下に置きたくないという気持ちがそうさせるのだという。繁さんもそうだった。

「納骨しないと成仏《じょうぶつ》しないと言われますが、成仏してどっかに行っちゃうんだったら、成仏しない方がいい。そばにいて、いつも出て来てほしいんです」

二人の遺体は三月二十四日に見つかったが、当時は津波であまりにも多くの人が亡くなったため、地元で火葬するところがなかった。繁さんも「二人の大切な体を燃やすなんて……」としばらく悩んだが、遺体の傷《いた》みから限界を感じて火葬場を探した。そして山形にいた友人の協力で、二十八日に山形で火葬することができたという。不思議な出来事があったのはその日の夜だった。

「どう説明すればいいか……、火葬を終えたあと、友人の家に泊まったのですが、夜中に目が醒《さ》めると目の前に二人がいたんです。マスクをしてしゃがんだ妻に寄り添うようにしながら、娘が僕に手を振っていました。ただ映像が、テレビ放送が終わったあとの砂嵐のようにザラザラしていて、輪郭しか見えないんです。ああ、妻と娘が逢いに来てくれたんだと、泣いて手を伸ばしたら目が醒めたんです。この時点ではっきりと夢だとわかりました。あたりを見回し、自分は目が醒めている、友達の家に泊まっているんだと確認してからもう一度目を閉じたのですが、目を閉じてもその砂嵐のような映像が見えるんです。言葉はなかったのですが、ずっと手を振っていました。

マスクは、顔が傷んでいるのを気にしていたせいかもしれません。僕は『おいで、おいで』と泣きながら声をかけていました。それっきり二人はしばら

亀井繁さんの妻と次女の遺品で溢れる仏壇

く夢にあらわれなかったのですが、翌年の一周忌に、突然同じような映像を見ました。このときはもう一人いました。見知らぬおじいちゃんかおばあちゃんです。あの世で親しくなった人でしょうか。このときのことは、目が醒めたあとでノートに書き留めています」

繁さんは、こうした不思議な出来事を、大学ノートに記録している。とくに夢で見た映像のスケッチも添えられていて、よりリアルに伝わってくる。そのノートの二〇一一年三月二十八日には次のように書かれていた。

〈夢から覚めても、目を閉じると、同じ二人の姿が見える。夢ではないと！　これは魂《たましい》だ。「おいで、おいで……」。泣きながら手を伸ばすが、遠くで手を振るだけ。苦しい……苦しいよ。二度と抱きしめられないのか！〉

また、翌年の三月十二日には次のように記している。

〈夢　赤い服を着て、パパの左前にいて、音楽に合わせて動いている。「かわいいよー」と泣いて目を覚ますと、目を閉じても、ぼーっと火葬後のように。娘は手をふり、ママらしき女の人と。誰？　人が見える。一度目をあけ、起きてきて、現実か確かめてから、また目を閉じるとずっと見える。暗闇に光のりんかく。周波数の合わないTVのよう。南の国などで、路上になにげなくいる人のように、ふつうに魂がいるような感じ〉

「私にとって何が希望かといえば、自分が死んだときに妻や娘に逢えるということだけです。それには魂があってほしい。暗闇の向こうに光があるとすれば、魂があってこそ逢えると思うのです。それがなかったら、何を目標に生きていけばいいのですか」

繁さんが参加している「遺族の会」には、夢を見るたびに亡くなった子供が成長していると言った遺族がいたそうだ。しかし、繁さんの夢にあらわれる母と子は、何年経っても亡くなった当時のままだった。

「警察から、瓦礫の中に私らの荷物があると連絡をいただいたのは、火葬の翌日でした。行ってみると、二階ほどの高さの瓦礫から、私のギターをはじめ、ビデオテープ、写真、SDカードが入ったデジカメ、SDカード、さらに結婚式のベールから結婚の誓約書まで見つかったんです。私にとっては大切なものばかりです。SDカードなどは瓦礫の中にあったら見つけられなかったでしょう。そのうえ、たまたま土を掘ったら、まるで最初から私がそこにあるのを知っていたかのように泥の中から小さなケースに入った婚約指輪があらわれました。あんな小さなものまでが見つかるなんて、どう考えればいいのでしょうか。妻と娘の魂が導いてくれたとしか思え

亀井繁さんの妻と次女

ません。

思い出の品がすべて流され、携帯の中の写真以外何もなく、今までの人生は何だったんだろう、生きた証《あかし》がなくなってしまったと落ち込んでいたときでした。二キロ近く流されたのに、こんな小さなものまで返ってきたのです。ピカチュウやお猿の縫いぐるみ、青いボール、お絵かきボード、全部瓦礫から見つかりました。しかもお絵かきボードは、瓦礫を撤去したあとの、何もないところにポツンと置かれていたんです。偶然と言われるかもしれないけど、娘の持ち物がすべて見つかったんです。やはり魂の存在を信じるしかありません」

瓦礫の中から見つかったものは、第三者にすればガラクタにすぎない。しかし、大切な人がこの世に遺していったものと思えば、そのどれもがこの世に存在している意味がある。繁さんも、それらの品々に込められた意味を読み取ろうとしていた。それが繁さんの「生きる力」になっているという。

「あの頃は、私自身もいつ死ぬかわからないと思ったので、自分が生きている間に妻と娘の生きた証を作ろうと、仕事を一ヵ月休んで、見つかった写真を思い出の順に整理し、無我夢中でアルバムを完成させました。そして瓦礫の中から見つかった結婚式の手袋やベールで仏壇を飾ってあげました。それを終えたのが月命日の四月十一日でした。別に意識したわけではないのですが、ふと気がついたら、この日は婚約指輪を交わした結納の日だったのです。その晩でした。夢の中に妻があらわれたんです。といっても、いるかいないかわからないような真っ暗な

中で、ぼんやりと輪郭《りんかく》だけが見えていました。そしてはっきりとひと言、

『戻りたい』

と私に言ったのです。このときは完全に夢でした。残念ながら、夢の中で聞いたのはそのひと言です。でも、その年に何度か夢の中で妻の声を聞きました。夢は普段の生活場面が多いのですが、ちょっと違っていたときがありました。あれは残暑が厳しい八月二十六日です。いつも私は二階に寝ていて、位牌を枕元に置いて寝るのですが、あの日は暑くて仏壇の前でごろ寝をしたんです。すると前回と同じように、暗闇の中からぼんやりと輪郭が見えはじめました。

『私がいないとつまんない？』

夢の中でたずねられたのは初めてです。

生き残った娘のためにもしっかり生きなければいけないのに、生きているのが嫌になった、死にたいと思ったときによく不思議な体験をします。震災の翌年（二〇一二年）の十二月もそうでしたね。

『いま、会いにゆきます』という、映画にもなった本があります。亡くなったはずの妻が、突然家族の前にあらわれる物語です。私は、妻とはなんでも共有していたので、妻が何を考え、何をやっていたかわかります。その本を妻が読んでいたのも知っていました。だから、震災後に古本屋で見つけたとき、読んでみようと思って買ったんです。しばらく読まずに仏前に供えていたのですが、あるときその本をめくったら、いきなり《あなたと過ごした十四年間はほん

とに楽しかった》という文字が飛び込んできました。結婚してずいぶん経っているが、何年になるんだろうと数えたら、その年で私たちも十四年だったんです。鳥肌が立ちました」

このときも、「なんだか生きているのが嫌で鬱々《うつうつ》としていた」そうで、その文字が妻のセリフなのだと思ったとき、繁さんは妻に助けられたと感じたという。

「お医者さんはよく、大切な人を喪うとそのストレスで眠れなくなると言いますが、私は眠ったら妻や娘に逢えると思うから、自分自身が死んだつもりになって寝るんです。夢の中で逢えるという感覚は、二度と叶《かな》わないはずのものが叶ったという喜びと同時に、家族がそばにいたときの安らぎや温かい気分を思い出させてくれます。長女の部活を見に行った帰り、車の中で寝ていると、座席の横に妻がいたりすることもあります。触れ合うことも会話をすることもできないけど、夢の中だけが震災前と同じ気分に戻れるんです。夢でしか逢えないのなら、寝る時間を多くすると逢える時間も多くなって、以前と同じ生活ができるんじゃないかと思ったこともありました」

「愛する人がいない世界は想像を絶する地獄です」と繁さんは言う。そんな繁さんを慰めるかのように、妻と娘は夢にあらわれ、そして声をかける……。

やがて昼になり、昼食をどうしようか考えていると、繁さんは「このあたりでよく知られている〝はらこ飯〟を用意している」と言う。ご飯の上に新鮮な生いくらと鮭《さけ》を乗せたどんぶりである。僕は歯の治療中だったから、どうしたものかと迷ったが、結局、歯のことを忘れて平らげてしまった。

おそらく繁さんも、この体験をこれまで誰にも語れなかったのだろう。僕が食事を終えるのを待ちかねたように言った。

「その後も二人の魂が私を導いてくれるかのように、瓦礫があった場所からいろんなものが見つかりました。命日の三月十一日は毎年現場に行くのですが、震災の翌年には瓦礫も片づいていて、もう見つからないだろうと思っていたのに、なんと妻の茶色いスーツケースが見つかったんです。瓦礫を撤去した人だって、あんな大きなものは片づけるはずなのに、まるで私を待っていたかのようにポツンと置かれていました。中には家族で旅行に行ったときの石鹼やシャワーキャップなどホテルのアメニティが入ったままでした。あんな大きな旅行バッグが、土盛りした脇にぽつんと置かれていたんです。

三年後の三月十一日にも行きました。さすがに探すつもりはなかったのですが、土盛りをした横の溝をのぞくと、私たちの腕時計が五個もむき出しのまま転がっていたんです。なぜ？ なぜ三年も盗《と》られなかったの？ こんなことってあるでしょうか。二十年近く前に妻とお揃いで買ったダイバーウォッチもあって、電池を入れ替えたら動きました」

繁さんは腕をまくって見せてくれた。携帯を持つようになってから腕時計をしなくなったので、机の引き出しに入れていたのがごっそりと見つかったのだという。

繁さんは、「偶然じゃないのと言われるかもしれないけど、私にはすべて自分につながっているんです」と言った。

「人間はなんとか意味をつけたがるのだと思うんです。八十歳九十歳の人が生きているのに、なぜ一歳十ヵ月の娘が亡くなるのだろう。その意味付けをするためにも、遺された人間は、たとえば娘は天使みたいで、妻のお供をして逝ったんだとか、無理やりこじつけようとします。そういう意味付けをしないと、生きていけないんです。でも、なぜ自分だけが助かったのか。いくら考えても……。妻がいて子供がいて、そのまま未来につながっていることが当たり前に思っている人には、きっと理解できないでしょうね」

つい最近もこんなことがあったという。

「今年（二〇一六年）の正月明けでした。これからどう生きていけばいいのか悩んでいたときです。このとき娘はいなかったのですが、これまでと違ってはっきりとした像でした。夢の中で妻はこう言ったんです。

『いまは何もしてあげられないよ』

そう言われたとき、あの世からそんな簡単に手助けはできないんだろうなと、私は夢の中で思っていました。死は最悪のことじゃないから、命に関わることでは助けてくれないのでしょう。すると妻はこう言いました。

『でも、信頼している』

私は、うんうんとうなずいていました。そのあとで『急がないから』、そして、『待っている』と言ったのです。この世に娘がいるのだから、まだあの世に来るのは早いという意味でしょうか。私は夢の中で『本当に？』とたずねていました。そして、じゃあね、約束だよという感じで妻と指切りをしたんです。

妻が言ったその言葉の一つ一つがすごくわかるし、何よりも『信頼している』と言われたのがすごく嬉しいんです。とくに『待っている』というのは、私にとっては究極の希望です。みなさんの言う希望は、この世の希望ですよね。私の希望は、自分が死んだときに最愛の妻と娘に逢えることなんです。死んだ先でも私を待っていてくれるという妻の言葉こそ、私には本当の希望なんです。いつか再会できるんだという一縷《いちる》の希望が持てたからこそ生きてこれたのだと思います。

もしかすると、こういう体験がなかったら生きられなかったかもしれません。妻と子供と家を根こそぎ失《な》くしたんです。なぜ生きているのか、ときどきわからなくなることがあります。悲しい、寂しい、つらいばかりだったら身が持ちません。そういうとき、妻と娘は私に頑張《がんば》れよと力をくれるんでしょうね。あの世で逢えるんだからって」

最近、夢の中に笑顔であらわれた妻は、「どこにも行かないよ」と言ったそうだ。繁さんは、妻は成仏せずにいつまでもそばにいてくれるんだと思い、安心したという。

仏壇の上にはA４大の紙が下げられ、墨《すみ》でこう書かれていた。

「誰より何より大切な……誰よりも一緒の時をすごしてきた最愛のひと。必ず帰るところ、安らぎ……一番お互いに必要なひと。恋人であり、何でも話せる親友。

かわいい妻であり、立派なママ。娘たちが親離れし、私たちは子離れしても、最後まで一緒だったはずの……人としても教えられたよ。本当に本当にありがとう」

死後の妻にあてた繁さんのラブレターなのだろう。

繁さんと亡くなった奥さんは、二十年ほど前に、今働いている介護施設がオープンしたときに知り合った。奥さんはそれ以前に特別養護老人ホームで四年ほど働いていたから、この施設では主任として迎えられた。

繁さんといえば、大学時代にバンドをやっていたが、「歌がうまくて曲を書けるわけでもない」から、アルバイトをしながら自分のやりたい仕事を探していた。元来、人の世話が大好きだったせいか、たまたま始めた介護の仕事が天職のように感じられ、近所に介護施設ができると真っ先に就職した。

そこで出会ったのが奥さんだった。

「私は介護のど素人でしたが、妻からあなたの仕事ぶりを尊敬すると言われたときは、それは嬉しかったですね」と繁さん。そんな奥さんと意気投合した繁さんは、その二年後の長野オリンピックが開幕した年に結婚する。長女を妊娠したとき、奥さんは落ち着いた環境で子育てをしたいと退職した。

奥さんは学年では一年下だったが、繁さんは、「妻は人生のパートナー」と言う。お互い尊敬しあっていたという以上に、分かちがたい絆《きずな》で結ばれていたのだろう。

「付き合ってから津波で亡くなるまで、まる一日会えなかったのは、妻が専門学校の同級生と二度ほど旅行に行ったときだけ」という。そのときも、互いに離れているのが嫌で、夜はずっと電話をしていた。夫婦はいつも一緒だった。勤続十年の褒美に経営者からハワイ旅行をプレゼントしてもらいながら、妻と娘と離れるのが嫌で断り、家族でディズニーランドに行ったこともあった。どこへ行くにも二人は手を取り合った。

それゆえ、「こんなに濃密に一緒にいたということは、こういう結果になるとわかっていたからなのか」と思うこともある。

長女が生まれたときはちょっと教育パパになってしまい、「親として初心者だった」との反省から、次女が生まれたときは思う存分可愛《かわい》がって育てようと決めた。亡くなったときは、ようやく片言でしゃべりはじめた頃で、「それはそれは可愛い盛り」だったという。そんな最愛の二人を、津波は無残にも奪い去ったのである。しかし、四人の強い絆は、彼岸と此岸の垣根を越えて結ばれているかのように、ときには姿を見せ、ときには語りかけ、ときには励ましてくれる。たとえ〝つかの間の触れ合い〟であっても、先に逝った者が、この世に生き遺った生者に生きる力を与えてくれるなら、こんな邂逅《かいこう》があってもいいだろう。

2　青い玉になった父母からの言葉
熊谷正恵さんの体験

僕は一ノ関で大船渡線《おおふなと》に乗り換えると、気仙沼に向かった。大船渡線は一ノ関を出てしばらくすると大きく北側に迂回《うかい》する。このため、気仙沼まで直線距離で四十キロほどなのに一時間半弱もかかるのだ。気仙沼へは仙台や一ノ関からバスの便もあり、より速く、より安くなったが、それでも僕はあえて列車に乗った。ちょっと古臭《ふるくさ》いが、キハ一〇〇形気動車に乗りたかったからだ。

地図を見てもわかるように、気仙沼の地形は典型的なリアス式海岸である。町の背後に数百メートルの山々が連なり、山の背が太平洋に突き出たかと思うと、山際から海岸まで薄膜《はくまく》を敷いたように平地が広がっている。あきらかに埋立《うめた》てられた土地だ。人の住まう町は、この薄膜の上に乗っかっていた。

気仙沼は、死者・行方不明者が千四百三十四人と、宮城県内では石巻《いしのまき》に次いで大きな被害を出した町である。

この町に熊谷憲次さんという方がいた。享年七十五歳。気仙沼高校を初めて甲子園に連れて行ったコーチとして、のちに明治大学に多くの選手を送り出した監督として、あるいは豪放磊《らい》落《らく》な人物として気仙沼では知らない人はいないといわれる。この方に娘と息子が四人いるが、僕は長女の熊谷正恵さん（56）に会った。

　僕らは港のそばに車を停め、復興とはほど遠い、瓦礫が撤去されただけで、空き地だらけの町を歩いた。港の周辺にはレストランや寿司店、バーなどが新しくできて再開しているが、一歩でも裏に入ると崩《くず》れたビルがそのままになっていた。「ここには家がたくさんあったのに、全部流されました。当時は瓦礫がいっぱいで、ここも通れなくて、そっちの坂も通れなかったんです」、正恵さんの話を聞きながら僕らは歩いた。正恵さんは今、気仙沼でケアマネージャーをしているという。

「あの日、私は介護施設にいました。父がどうなったか心配で、実家のそばまで来たのに瓦礫で近づくこともできない。地域の人たちが逃げていた紫《むらさき》神社に行ったのですが、そこで父が逃げ遅れたと聞いて、なんとか小学校を迂回しながら、小学生しか知らない『百段階段』という高台まで来たら、父の家が目の先に見えたのです。でも、それ以上は進めませんでした。道路は瓦礫に埋まり、足がすくんでしまいました。どこへも動けず、仕方なく高台から実家を眺《なが》

めているど、父が寝ているところから風鈴の音が聞こえてくるんです。いつまでも鳴り止まない風鈴の音を聞きながら、なぜか『お父さん、死んだんだ』と思いました」

肩幅ほどの狭い百段階段を僕らは昇った。

小学生の頃、正恵さんはここでよく遊んだという。正恵さんによれば、二〇〇七年に公開された『自虐の詩』という、漫画を原作にした映画はこの百段階段の上で撮影されたそうだ。震災前にそれを見たとき、懐《なつ》かしかったことを思い出し、「あそこからなら実家にたどり着けるかも」と思って行ったという。

百段階段の上に立つと、目の前にガラクタをひっくり返したような町並みが広がり、左手には「マンボ」という、気仙沼の人なら知らない人はいない喫茶店が目に入った。この日は夏のような暑さで、じっとしているだけで襟首から汗が滲んでくる。

「私がいた介護施設は、海岸のそばだったものですから、建物は津波ですっかり流されてしまいました。避難した先の小学校の校庭にも水が来て、ここは危ないということで山の方に避難しました。その後、利用者を姉妹施設に連れて行ったのですが、その途中で海水が線路を越えるのが見えたぐらいで、大きな津波は見ていません。だから、高台に立って水に浸《つ》かった気仙沼の町を見たとき、なんで水なんだろうと思ったほどです。まさか二階まで達するような津波が来るとは……。すでに携帯は使えなかったので、逃げる途中で、民家で電話を貸してもらって父に電話をしましたが、つながりませんでした。姉妹施設に着いたときには電気も止まっています。

翌日、国道まで降りていくと、何十台という東京消防庁の車がずらっと並んで気仙沼に向けて走っていくのです。それを見て、ただごとじゃないと思いました。

避難した利用者のために、津波で無事だった施設から食料や毛布、食器などを運んで来なければなりません。それに家族や家も心配だろうからということで、集合する場所と時間を決めて気仙沼市内に向かいました。私の家は高台にあったので無事だったのですが、次は父だと思って、百段階段に行って見たのがあの光景だったのです。

十三日にも避難していた施設からわが家に戻ったのですが、弟がちょうど私宛の置き手紙を書いているところでした。この弟から、父が死んだと聞かされたのです。弟は父と一緒に暮らしていて、あの日は叔母の工場で働いていました。工場は三階建てで、津波は二階まで来たのですが、三階は大丈夫だったので、ずっとそこにいたそうです。弟も父のことが心配で、この前日、腰まで水に浸かりながら実家を見に行き、父が家の中で死んでいるのを発見したそうです。冷蔵庫が茶の間にあり、

熊谷正恵さんの父（右端）

仏壇が倒れ、その脇に箪笥《たんす》があったそうですが、海水が家の中へ一気に流れ込んで渦《うず》のようにぐるぐる回ったんでしょう。

父はたぶん、どこにも逃げなかったと思います。家は港のそばの海抜ゼロメートル地帯で、海まで五十メートルしかないのに、チリ地震（一九六〇年）のときは、二階に上がる階段の真ん中あたりまでしか津波が来なかったから、それ以上は来ないと信じていたんです。三月九日に大きな地震があった時、父に電話をしたんです。『津波は?』と心配すると、『大丈夫だ、津波はここへ来ねえ』って言うんです。『お父さん、津波が来たら逃げなよ』『ここまで上がる津波だったら、気仙沼は終わりだ』と平然としていました。

私の妹に中学生の子供が二人いて、九日の大地震のときも父は心配して妹に、『早く中学校に行って子供が無事かたしかめて来い』と指図しているのに、妹が『津波来っから一緒に逃げよう』と言うと、『心配ねえ、津波はここまで来ねえ』と動かなかったそうです。

弟から父の死を聞いてからも、職場の人と連絡を取るのに時間がかかり、安置所に着いたのは午後六時前でした。日が短いからすっかり暗くなっていました。

遺体はおそらく二百体ほどあったと思います。当時はまだ安置所に来れる人も少なかったのでしょう、係りの人たちしかいませんでした。係りの方に父の遺体が安置されている場所をうかがい、真っ暗な中をそろりそろりと歩いていたら、いくつもの遺体のお腹のあたりから、ピンポン玉のような大きさの青い玉がポンポンと浮かんでいるんです。正確には、遺体は棺《ひつぎ》に入れられていましたから、棺の上です。一人の遺体に青い玉は一つ。お腹のあたりから上がっては、吸い込まれるように戻る感じで、あちこちで青い玉がゆらゆらと動いていました。父は青い玉は見えなかったのですが、こんなにたくさんあるんだから、お父さん、寂しくないねと思ったのを覚えています。

あの青い玉は何だったんでしょうか。ちっとも怖いという感じがしませんでした。

震災後に、母が亡くなったときも不思議なことがありましたね。

父は気むずかしい人でしたが、母はすごく楽しい人でした。ただ三十二歳からずっとリウマチで、五十五歳を過ぎて寝たきりになったあと三年間施設で暮らしました。呼吸ができなくなって気管を切開したために、その後は十年間ほど病院での生活でした。

震災当時も入院していたので、父が亡くなったことを報告したのですが、その数日後に、母は寝ながら脳梗塞《のうこうそく》になったのです。少しはしゃべれたのですが、右側に麻痺《まひ》が出て、もうだめかもしれないと思ったとき、母のお腹の上にピンポン玉よりもっとちっちゃな青い玉が見えたのです。

弟も一緒に見ていました。『ピンポン玉がちっちゃくなったね。お母さん、今回はたぶん無理だと思う』と言うと、弟は『何ゆってつけ』と怒っていました。

その母が、震災直後の四月二十三日に亡くなりました。病院から連絡をいただき、二十二日の深夜に弟と病院に駆けつけ、ずっと母のそばについていてあげました。いつもは海側の病室なのに、このときは山側でした。夜が明けてカーテンを開けると、満開の桜並木が窓いっぱいに見えたのです。母は桜が大好きでした。いつも桜を見たい、桜を見たいと言ってたのに、自分で寝返りもできなかったから、きっと悔しかったんだろうなと思いながら、

『お母さん、桜が満開で良かったね』

と声をかけてあげました。弟も『うんだ、桜が満開だな』と母をいたわるように言いました。私たち姉弟は、亡くなった母の爪を切ってあげたり、二人で母の思い出話をしながら、そばでずっと窓の桜を眺めていたんです。

一年ほど経って、とくに用事はなかったのですが、母の供養にあのときの桜をもう一度見たいと思って病院に行きました。ところが、どういうわけか桜の木が一本もないのです。あんなにたくさんあった桜の木をぜんぶ切り倒したのかと思って、隣の『ひかみの園』という（陸前高田市にある）障害者支援施設でたずねました。

『ここの桜、いつ切ったんですか？』

『桜の木なんか最初から一本もないですよ』

『え？　去年は隣の病院の窓から満開の桜が見えたんですけど……』

『さあ、桜の木は見たことないですが』

驚いて弟に伝えると、『うそだべ、絶対にあったべっちゃ。いっしょに見てたちゃ』と首をかしげています。どうして二人が桜を見たのか、本当に一本もないんです。あれは何だったん

でしょうか。もしかしたら、母は、満開の桜を、私たちと一緒に見たかったのかもしれませんね」

あのときのことを思い出してか、正恵さんの言葉が途切れる。日差しがじりじりと照りつけた。僕たちは暑さを避けるようにビルの陰に避難した。そばの自動販売機で飲み物を買ってのどを潤《うるお》しながら、僕は正恵さんに、「夢はよく見ますか?」とたずねた。

「震災の年の七月前後によく見ました」

「やはりカラーですか?」

「ほとんどカラーです。どうして?」

「いえ、なぜか不思議な体験をした方のほとんどがカラーだったものですから。夢の中でしゃべっていましたか?」

「ええ、父も私もしゃべっています。父が出てくる夢は毎回同じでした。バス停とか船着き場とか電車のホームで、いつも乗り物を待っている夢なんです。父が待っているので私も一緒に待っていると、『まだ来ねえからいいんだ。おれはここで待ってる。おめえは先に行ってろ』と父は言うんです。夢によって登場する場所は違うのですが、必ず『先に行ってろ』と言います。一度『お父さん、何待ってるの?』とたずねたことがありました。すると、『おれはこの次の汽車に乗るだ。おれとは行き先が違っから、おめえはそっちに乗ってけ』と言われました。

でも、汽車を待っているというのに、線路はないんです。それでも『おめえは先に行ってろ』『おれは待ってる』でした」

「何かのメッセージかも」と僕が言うと、正恵さんは「行き先が違うということを言いたかったのでしょうか」とつぶやく。

「珍しいのかどうかわかりませんが、夢の中には必ず自分も出てくるのですが、会話がないんです。乗り物を待っていたのは震災の年だけでした。そういえば、父と別れたあと、私がボートに乗って漕ぎながら、父が待っている姿を見ている夢もありました。しばらくすると父はいなくなるんです。待つのはバスの停留所だったり電車の駅だったりですが、なぜかそこには、観光地にあるようなレストハウスがありましたね」

正恵さんからは、父のことを誰かに伝えておきたいという熱気のようなものを感じる。海風がゆるゆると通り過ぎた。

「今でも忘れない不思議な出来事が起こったのはその頃です。東京に行く用事があったので、震災の年の七月三日に気仙沼のブティックで洋服を買っていました。四人ぐらいお客さんがいて、一人ずつ帰っていき、私も洋服を手にしてレジに向かったら、最後まで残っていた女性のお客さんから『どなたか亡くなりましたか』と声をかけられたんです。びっくりして振り向くと、『お父さんとお母さんでしょ？　あなたに言いたいことがあるそうだから、ここで言ってもいい？』

店の人が言うには、気仙沼で占いを職業にしている方で、女性雑誌にも出ているそうです。私はほとんど反射的に『はい』と返事をしていました。私はその頃、左の腕が重いというか、肩こりでもない、筋肉痛でもない、なにか違和感があったので、原因がわかるかもしれないという気持ちもあって承諾したのだと思います。

『あなたは胃が弱いから胃の病気に気を付けろとお父さんが言ってます。お母さんは、ありがとうと言ってますよ』

そこで号泣してしまいました。

『ちゃんと伝えたから、もうお父さんとお母さんに帰ってもらっていいかしら』と言われ、何だかわからないままうなずきました。

そして、その方が私の肩のあたりを触り、お経のような呪文を唱えて私のまわりを一周すると、左肩をポンポンと叩いたんです。すると突然、左肩から、サーチライトのように光が真っ白な円柱になって空へ昇っていきました。ちょうどバットぐらいの太さでした。一瞬でしたね。店員さんたちもその場にいました。

『見えたでしょう?』

『はい』

『安心して上がって行ったから』

いつの間にか、私の腕にあった違和感が消えていました。

そのときの気持ちをどう表現していいかわかりませんが、驚くというよりも、懐かしい気持ちでしたね。それまですごく不安定だった心が、父と母が死んでも繋がっている感じがして大泣きしていました。『ありがとう』と言われたとき、私が死んでも父と母に逢えるんだから大丈夫だね、そんな感じが体の中を駆けめぐったんです。

今でも墓参りをするたびに、逢いたい、逢いたいと言います。最期も見てないし、家にもつれて来れなくて、ずっと安置所に置いていたことも悔やまれてならないんです。なんで逃げなかったのか。もし次の日だったら、私と一緒に歯医者に行くことになっていたんだから逃げられたのに……。そんな思いをずっと引きずっていたのですが、あの白い柱を見たとき、父と母に許されたと思ったんです。いつか自分も死んだ両親と逢えるんだと思うと、生きることがすごく楽になりました」


とにかくこの暑さから逃れようと適当な場所を探したが、近くに喫茶店もなく、僕は風通しのいい公共の建物のテラスで、缶コーヒーを飲みながら話の続きを聞くことにした。

父親の熊谷監督について、地元の人からこんな話を聞いたことがある。その方は「言い出したら絶対に引かない男だった」のあとに、こんなエピソードを語った。

「男が寿司屋にドタバタ入ってきて、『これとこれを握っといてくれ。俺は忙しいから握り終わったら食べに来る』と言って慌てて出て行ったというので、『寿司をそんな食べ方するやつはどこの誰だ』と訊《き》いたら、店主が『熊谷監督だよ』と言うんだ。そのひと言でその場にいた連中は、『ああ、あの人ならやりかねない』とみんな納得したよ」

正恵さんにとって、この父親はどんな人だったのだろう。

「父は港町でかまぼこ屋をしながら、船をかけたりしていました。ああ、船をかけるというのは船主になることです。五十年もかまぼこ屋をしながら、船主になりたくて、全財産をはたいて漁船を買ったんです。マグロ漁船ですが、かけた船が失敗して、結局全財産を失ってしまいました。六航海のうち、黒字になったのは一回だけ。赤字で帰ってきても、船主は人件費や燃料費を支払わないといけないから、バクチのようなものです。それでもやってみたかったんでしょうね。市会議員も二期やって、今思えば好きなことをやってきた人でした。借金を抱えて全財産を失ったあと、実家はうちの叔母が肩代わりして買い取り、下を駐車場にして、二階に管理人として住んでいました。

気仙沼は野球が盛んで、昭和十年生まれの父も野球一途でした。戦後間もない頃です。高校野球で甲子園にはいけなかったのですが、東北地区で準優勝しているんです。プロ野球からスカウトされるほどでしたが、じいちゃんが、長男だからプロ野球なんて駄目だと反対したために諦《あきら》めたんです。そのかわり、家業のかまぼこ屋を引き継ぎながら、気仙沼高校野球部の監督をしていました。今はどうか知りませんが、当時は野球部の監督になると、子供たちに自腹で飲ませたり食わせたり、遠征の費用も出さないといけないから、ものすごい出費でした。よくじいちゃんと喧嘩《けんか》をしていましたね。

監督時代に気仙沼高校から明治大学へ野球推薦の道を作った人ですから、星野（仙一）さん（元プロ野球選手）や島岡（吉郎《きちろう》）さん（元明治大学野球部監督）もうちに来たことがあります。家にはいつも野球をやる人がいて、私は毎日宴会しているような環境で育ったんですよ。あの頃は高校の野球部員も私の家に合宿しながら学校に通っていました。家のことなんか顧《かえり》みず、女は黙っていろ、みたいな感じでめいっぱい遊んではめいっぱい仕事をした人です。気仙沼ってもともとそういう気風があるんですね。

父は、私たち女には怒ったことがないのですが、いろんな人に喧嘩を売っていましたね。それはもう、大変でした。監督時代にも喧嘩して何度か出場停止になったことがあります。弟は男だから、よく衝突しては殴《なぐ》り合いのようなことをしていました。

あれは、私が高校生のときです。走るのも速かったし、運動神経もわりとよかったから中学、高校とバレーボールをやっていました。昔だから生徒も五百人ぐらいいて、バレーボール部員も百名ほどいました。その中で、私は一年生から試合に出ていました。でも学校自体が弱かったから、父の野球とはレベルが違っていました。だから父は、『お前の試合なんて見たって面白くない』と言って一度も見に来たことがないんです。それが、高校三年で県総体の試合に出たとき、いきなり二階のギャラリーに父があらわれたんです。そのときの緊張といったら……。アスリートだから見る目つきが違うんです。顔色も変えないでじっと見ていました。運動神経がよくても、こいつは使える、使えないというのがわかるんです。あんなに緊張したことはありません。結果的に私たちは負けたのですが、試合が終わるといきなり差し入れだといって、父から鰹《カツオ》が木の箱いっぱい、山のように運ばれてきました。女子校だから、『これ、どうしよう、どうしよう』って大騒ぎになったのを覚えています。おかしいのは、帰っても父はひと言も言わないいんですよ。負けて悔しかっただろうとも言わない。男の照れなんですかね、『おう』とたったひと言、それで終わりでした。当時の父は四十歳ぐらいで、すごくカッコよかったですね。

今の親からは想像もつきませんね。授業参観にも出ないし、勉強しろとも言わない。毎日のように誰かが訪ねてきては、毎日のように宴会でした。外に出て何軒もハシゴしたあと、最後は一人で飲んでいるんです。歩いてでも帰れるのに、帰るきっかけがなくなると、私に電話をして迎えに来させる。大学受験のときも、私が父の友人宅に二ヵ月間泊まったのですが、毎週父がやってきて飲めや歌えやだから勉強どころではなかったんです。あまりにも好き勝手で、母にどうして離婚しないのと詰め寄ったことがあります。でも、今思えば父は本当に面白い人でした。善《よ》かれ悪《あ》しかれ有名人でした。今は周囲の評判を気にする人が多くなって、父のような破天荒《はてんこう》な人はいなくなりました。そのことを父はどう思っていたのでしょうか。もしも父と話をすることができれば聞いてみたいですね」

3　兄から届いたメール《ありがとう》
熊谷常子さんの体験

被災地の不思議な体験で圧倒的に多いのが、亡くなった家族や恋人が夢にあらわれることである。それもリアルでカラーの夢が多い。中には4Kのように鮮明で、夢かうつつかわからないことがあると証言した方もいる。面白いのは、電波と霊体験に親和性でもあるのか、携帯電話にまつわる話が多いことだ。

たとえば、のちに詳しく紹介するが、余震で家の中がめちゃくちゃになって暗闇の中で途方に暮れていたら、津波で亡くなった夫の携帯電話がいきなり煌々《こうこう》と光りだしたという証言。また、津波で逝った〝兄〟の声を聞きたいと思って電話をしたら、死んだはずの〝兄〟が電話に出たという話。これから向かうのは岩手県の陸前高田市だが、ここで聞くのも携帯電話にまつわる話である。

僕はレンタカーで、国道四十五号線（東浜街道）を道なりに陸前高田市へと向かった。気仙沼から車で三十分ほどだ。問題は市を南北に流れる気仙《けせん》川を越えてからである。よそ者の僕にはナビがないと移動もままならないが、ここは町の地形がどんどん変わっているからナビが役に立たない。それでも、東京のような大都会ではないので、車を降りてたずねれば親切に教えてくれるのがありがたい。

僕が被災地に立って初めて心から震《ふる》えたのは、震災直後に陸前高田駅を見たときだった。震災前の駅舎は跡形もなく、コンクリート製のプラットホームが残骸《ざんがい》となって残り、まるで爆撃にでもやられたように、鉄のレールはぐにゃっと曲がってあちこちに転がっていた。

その駅舎跡も埋められて今はどこにあったか見当もつかない。土盛りが完成すると、旧市街地のほとんどが土の下になる。おそらく風景も一変することだろう。

ずいぶん前のことだが、イタリアで会ったある老建築家の言葉を思い出した。イタリア北部の田舎で、古い図書館を改築していたのだが、どう考えても新築したほうが安上がりだと思うのに、外側を変えずに内部だけを改修していたのだ。その理由をたずねると「風景が変わると、大都会に出ていった人たちは故郷に帰りたいと思わなくなるだろ?」と言った。風景も故郷なのだ。風景が様変わりして、故郷といえるのだろうか、などと考えながら、僕は熊谷常子さん（60）が勤務する葬祭会社の仮事務所を訪ねた。

プレハブの建物のドアを開けると、仏壇や葬祭道具が狭い部屋にぎっしり詰め込まれていた。声をかけると、奥から「肝《きも》っ玉《たま》かあさん」に出ていた京塚昌子《きょうづかまさこ》さんのような方があらわれた。常子さんである。この葬儀会社に勤務して、もうすぐ二十年になるという。

常子さんは三人きょうだいで、亡くなったのは兄の小友利美《としみ》さん（享年56歳）。一歳違いで双子のように育ったそうだ。「どうぞ、どうぞ」と言うが、人が出入りするこんなところで話を聞いていいものかどうか迷っていると、「あ、いいの、いいの。隠すことじゃないから」、からっとしたしゃべり口で言った。

「兄は震災の年の一月から岩手医大（岩手医科大学）に入院していました。テニスが好きで、高校時代はインターハイや国体にも出たことがあるほど実力があったんです。それが、震災の三年ほど前から、ラリー中にラケットを落とすことがあり、手が痺《しび》れてきてラケットも握れなくなってきました。病院に行っても原因がわからず、最終的に岩手医大に入院して検査をしたんです。そしたら二月末にＡＬＳ（筋萎縮性側索硬化症）とわかりました。ごく初期でしたから、まだまだ生活をする上で困るようなことはなかったと思います。

岩手医大ではリハビリ以外に治療することはないと言われ、それならと地元の高田病院に転院することにしました。退院は三月八日で、もちろん私が迎えに行きました。帰りは遠野まで私が運転したのですが、遠野で食事をしていたら、いつの間にか兄はちゃっかりと運転席に座っていたので、そのまま兄の運転で帰ってきました。兄はそれを自慢したかったらしく、翌日には姉に、『おれが運転して帰ったぞ』とメールをしています。

そのまま高田病院に入院し、三月十一日は五十数日ぶりの一時退院でした。その日は森林組合の友人と呑《の》むんだといって楽しみにしていましたね。私が『迎えに行くよ』と声をかけたのですが、『リハビリのために歩いて帰るからいい』と言ったのが最後でした。午後二時半頃退院して、近くの天神様へお参りに行って地震にあったようですから、ほっとする間もなかったと思います。揺れがおさまったあと家に入ったのをご近所の方が見ています。遺体は家の中で見つかりました。発見されたとき、退院したときに着ていた洋服姿でしたから、着替える間もなかったのでしょうね」

　利美さんがいた母屋《おもや》は、津波で建物だけが土台から浮き上がって百メートルほど流された。遺体は六月三十日にその家の中から発見されたという。それにしても、発見までなぜ四ヵ月近くもかかったのだろう。

「うちの商売は木材搬出業でした。山から切り出した木材を、重機でトラックに乗せて製材所に運ぶんです。あの家は、私たちの父親が昭和五十六年に建てたのですが、商売が商売ですから、材料は吟味に吟味して、二軒分の木材を使って建てたそうです。母屋と離れを合わせて建坪百二十坪。年配の大工さん五人が、それはそれは丁寧に造ってくれましたから、本当によくできた家でした」

　震災後、夏の礼服から家計簿までたくさんのものが見つかったのに、なぜか利美さんの写真だけが一枚も見つからなかったという。だから葬儀の遺影は、テニスでペアを組んでいた人にもらったそうだ。その写真を見ると、本業の木材搬出業者というより、テニスのコーチか監督のような顔立ちである。

「兄は地元の中学を卒業すると、テニスをしたくて一関商高（現・一関学院高）に入りました。一年生からレギュラーで、毎年インターハイにも出たのに、なぜか札幌の短大に入って自動車整備を習ったんです。卒業後は、仙台にあった日産系の整備会社に勤めていました。父は五十九歳のとき、成人T細胞白血病という東日本では珍しい病気で亡くなり、兄は家業を継ぐということで戻ってきました。まだ二十四歳でしたね。その後、結婚しましたがバツイチになり、母親が亡くなったあとは、その広い家に兄一人で住んでいたんです。

兄は常々『津波はここまで来ない。津波が来ても、この家なら大丈夫』と言ってましたから、あのときも逃げなかったはずです。実際、家は津波でも壊れず、そのまま浮かんで私の職場近くまで流され、ストンと置いたように立っていました」

「瓦礫の中に、ですか?」

「いえいえ、何もないところに、あの家だけでした。甥たちもその周辺を探したのに、まさか兄の家だとは思わず、ずいぶん大きな家だなあと思っていたようです。結局、解体工事をする人が兄を見つけてくれました」

震災前まで兄の夢など見ることはなかったのに、震災後は遺体が発見されるまで、毎日のように夢にあらわれたという。その中で今もリアルに覚えているのがサイフォンコーヒーのことだと常子さんは言う。

「兄はサイフォンでコーヒーを飲む人でした。夢の中で『サイフォンのコーヒーが飲みたい。サイフォンだぞ』と言うので、私が『サイフォンはあるけど……』と言ったら、『フィルターがないぞ』と言うんです。

『え？　フィルターがない？』

震災直後でもないでしょうが、本当にフィルターがなかったので、『そうね、フィルターがないねえ』と、私も夢の中で返事をしてるんです。すると、

『ランプの芯《しん》もないぞ』

『え？　そんなはずないんだけど……』

『ちゃんと買っておけよ』

インターネットが通じるようになって、やっと仙台からフィルターとランプの芯を取り寄せて、『お兄ちゃん、これサイフォンのコーヒーだよ』と言って出したんです。これ、全部夢なんですよ。ほんとにリアルで、日常生活をそのまま夢にしたような感じです。夢の中で私が、『ちょっと待ってよ、お兄ちゃん亡くなってんだよね』と思ってるんです。

でも目が醒めて探すと、本当にフィルターも芯もなかったんです。兄が近くにいるんじゃないかと思うぐらい私の家の中をよく知っていて、夢の中でいろんなことを教えてくれましたね。震災から遺体が発見されるまでの三ヵ月ほどは、本当によく夢を見ました。早く見つけてほしいと思っていたんでしょうか。遺体が発見されたのを境にピタッと見なくなりました。それもちょっと寂しいですね」

利美さんの遺体が発見されたときは午後五時を過ぎていたため、翌七月一日に死亡届を出すことになった。そして常子さんは従妹《いとこ》と一緒に市役所に向かう。不思議な体験をしたのはこの

ときだった。

「朝八時半でした。役場で死亡届を書いているときにメールを知らせる音が鳴ったんです。従妹が『電話だよ』と言ったので、『これはメールだから大丈夫』と言って、死亡届を書き終えて提出しました。そのあと受付のカウンターでメールを開いたら、亡くなった兄からだったんです。

《ありがとう》

ひと言だけそう書かれていました。

『お、お兄ちゃんからだよ』

『ええ、だってぇ……』

私も従妹もどう言葉にしたらいいかわからず、そこで茫然《ぼうぜん》と立ち尽くしていました」

「メールは返さなかったんですか」と、僕はたずねた。常子さんは笑う。

「そんな発想はとてもとても……。もうびっくりしていましたから」

「何にありがとうだったんでしょう?」

「そうなんです。まず兄は『ありがとう』と言う人ではないんです。兄は一人暮らしだったし、母が亡くなってからは、兄の事務関係から下着の用意まですべて私がやっていたので、『ありがとう』と言われても当然なのですが、一度も言われたことがないんです。兄は私に対して、妹だから当然みたいな感覚だったし、私もやって当たり前に思っていましたから、これまでありがとうと言ってほしいと思ったことはありません」

「発信の日付はいつでしたか？」

「三月一日でした。この日はまだ岩手医大に入院していて、退院するとき、お世話になった同室の方にどんなお礼の品を渡すか、兄と相談をしていました。だから、兄から『ありがとう』と言われるようなことは何もしていないんです。だからなんの意味の『ありがとう』なのか……」

「着替えとか持って行ったお礼では？」

「当時は治療の予定もないから、兄が外出を申し出たら認められました。だから、着替えを持っていくと勝手に外へ出て行ったと思います。それが怖くて、退院当日の三月八日に持って行く予定にしていました。まさか兄だって、パジャマ姿で外には行かないでしょうから」

熊谷常子さんの兄の利美さん

　発信履歴も調べたが、駄目だったという。
「兄の携帯を修理したら何かわかるのではないかと思い、通信会社に勤めている姪《めい》に頼んで調べてもらったり、メーカーにも出したりしたのですが、やはり無理ですと返されました。壊れて使えない携帯ですから、七月一日に送れるはずがないんです。それならなぜ三

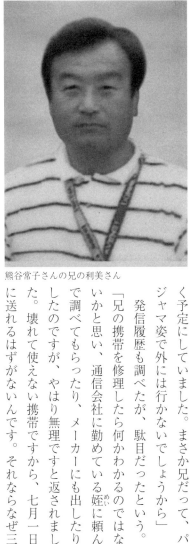

月一日のメールが七月一日に着いたのでしょうか。退院する前日にも、迎えに行こうかってメールしているんです。私の娘もいろいろとメールをしましたが、その返事は届いたんですよ。それなのに、このメールだけ四ヵ月も遅れるということはあり得るでしょうか。

七月四日に火葬したのですが、その際、兄の友人たちに兄の最後のメールを見せようと思って携帯を開いたら、二月末あたりから三月十一日までのメールがぜんぶ消えていました。それも、兄からのメールだけが消えていたんです。『お礼はどうする?』とか、メールでやりとりしたはずなのに、何もないんです。

兄のきょうだいは、私と東京の姉なんですが、姉の方には例のメールがなかったので、転送しました。ところが、姉の携帯からもやはり消えていたんです。

それにしても、なぜ私にメールを寄越《よこ》したんでしょうね。子供のときは双子のように遊んだし、悪いことをするのも一緒、怒られるときも一緒でした。兄は独り身で、私も七年前に主人を糖尿病で亡くしています。兄の病気が落ち着いたら、私が仕事をやめて、実家で一緒に暮らしながら面倒を見ることになっていたんです。そういうことがあったから、兄なりにお別れの挨拶《あいさつ》をしたかったのかもしれませんね」

利美さんの携帯を解約したのは二〇一一年九月。常子さんは、毎年五月の利美さんの誕生日に「お誕生日おめでとう」とメールを送っているが、解約すればエラーメッセージが返ってくるはずなのに、二〇一三年まで返ってこなかったという。

「ＡＬＳと診断されたら、がんと同じでほとんどの人が死を連想して不安になります。お兄さんはどうでしたか？」と僕はたずねた。すると常子さんは「それがね……」と初めて柔和な表情になった。

「実は、母は大腸がんで亡くなったんですが、がんになってみんな心配していると、母は『なってしまったものはしょうがない』と言うんです。兄も母によく似ていました。ＡＬＳと告知されると、看護師さんらはすごく警戒するそうですが、診断の翌朝、看護師さんにたずねると、兄はぐっすり寝ていたそうです。姉夫婦も心配して『盛岡に一週間ぐらい泊まるつもり』で来たのに、兄といえばベッドの上で飄々《ひょうひょう》としていて、『なってしまったものはしょうがないだろ』なんて言うんです。なんだか肩透かしをくらったようで、お医者さんも稀《まれ》なケースだと言ってました。三月十日も、『明日はちょっと外泊するけど、来週の半ばぐらいには退院するぞ』とか『体が動くうちは仕事するぞ』って言っていました。生きるも死ぬも成《な》るがままという感じで淡々としていました。どうしたらそうなれるのですかね」

余談がある。震災の年の夏、陸前高田にボランティアでオガミサマがやってきたという。オガミサマというのは、沖縄のユタや恐山《おそれざん》のイタコに似て、「口寄せ」や「仏降ろし」をする霊《れい》媒師《ばいし》のことである。沖縄では「ユタ買い」という言葉があるほど、日常生活に密着しているが、かつて東北にもオガミサマは生活の一部としてあった。たとえば誰かが亡くなったとすると、仏教式の葬儀を執《と》り行なう前にオガミサマを呼び、亡くなった人の魂を降ろしてきて、口寄せで死者とコミュニケーションをとったそうである。オガミサマは東北地方の「陰《かげ》の文化」としてあったのだ。

常子さんがこのオガミサマに兄のことをたずねると、口寄せでこう言ったそうだ。

「おれ、死んだんだな。でもよかった。これでよかったんだ。みんなに、自分が動けなくなって寝たきりになる姿を見せたくなかったし、これでよかったんだ」

オガミサマを信じない人にはたわごとでしかないが、信じる人にはあの世に繋げるかけがえのない言葉である。死者とコミュニケーションをとれることは、遺された人にとって最高のグリーフケア（身近な人の死別を経験して悲嘆に暮れる人を支援すること）なのだと思う。人間は本来、合理性と非合理性のバランスの中で生きてきたはずである。無理に合理的に解釈しようとするから、不思議な体験をした人たちは、幻覚かせん妄を見たことにされてしまうのだ。

僕は、オガミサマを信じる文化が残っていることをうらやましく思う。

4 『ママ、笑って』——おもちゃを動かす三歳児

遠藤由理さんの体験

東日本大震災における宮城県内の死者・行方不明者は一万二千人弱を数えるが、このうち三

千九百七十七人と最大の人的被害を出した町が石巻市である。僕は、陸前高田市から国道四十五号線を再び南へと下り、この石巻市へと向かった。

江戸時代まで石巻は鄙《ひな》びた寒村にすぎなかった。発展したのは、伊達《だて》藩によって長大な北上川が開削されてからである。地図を見るとわかるが、北上川は石巻市の北部でL字型に湾曲し、追波《おっぱ》湾に注いでいる。それをまっすぐ南へ流れる河道をつけたことで、その河口にある石巻は商業の町として発展できた。こう語るのは、仙台郷土研究会会長の吉岡一男さんである。

「港ができたことで、盛岡藩や南部藩もここに米を運びましたから、石巻は大変な物流基地になったんです。当時は山形の酒田と双璧でした。向こうは最上《もがみ》川ですが、こちらは北上川です。石巻は、純粋に商業地帯として発展してきた町なんですね」

現在は物流基地の面影もなく、気仙沼から石巻への移動時間は、鉄道やBRT（バス高速輸送システム）、バスのどれを使ってもたっぷり四時間以上はかかる。僕はバスや電車なども考えたが、石巻市内での移動手段を考えて、レンタカーでそのまま石巻へ向かった。

冒頭でも紹介した岡部さんに背中を押されるかたちでこの旅を始めたのだが、現実は想像以上に厳しく、亡くなった家族や恋人との不思議な体験を語ってくれる人を探すのはけっこう骨が折れた。どうやって体験者を探せばいいかもわからないのだ。仮設住宅を片端から訪ねてみようかと思ったこともあるが、見知らぬ男からいきなりそんなことを言われても気が狂ったのかと思われるのがおちだ。そのとき僕は、被災地では曹洞宗のお寺が多いことに気づいた。そこで旧知の永平寺関係者やお坊さんに連絡をとって曹洞宗のお寺を紹介していただいた。医師の前で語るのははばかられても、お坊さんなら相談しやすいのではないか。われながらいい考えだと思ったのだが、結論から申し上げると、紹介していただいた二十ヵ寺のうち、連絡をいただけたのは石巻市の法山寺のご住職だけだった。そのご住職が紹介してくれたのが、津波で三歳のわが子を喪った遠藤由理さん（42）だったのである。

遠藤さんにその話をすると、呆れたといった感じで「お坊さんにそんな話をするはずがないでしょ？」と笑われた。そして「法山寺の和尚さんは特別なの。あの和尚さんにはいろいろと助けられたからよ。今年も（遺体が）見つかった場所で黙禱《もくとう》してお線香をあげ、そのあと法山寺に行って焼香しました」と言った。

由理さんは、震災後に行政が借り上げた「みなし仮設住宅」に遺された家族と住んでいた。僕を六畳ほどの居間に通すと、「さあさあ、適当なところに座って」と、下町のおっかさんみたいな口調で言った。

壁際には段ボール箱で作られたごく簡単な祭壇がしつらえられ、その上に飾られた写真の中で、三歳九ヵ月の康生《こうせい》くんがVサインをして笑っていた。「目がクリクリしてて、自分の子だから言うわけではないんですが、おでこも特徴があって、ほんとうに可愛い顔だったんです」と由理さんは言う。たしかにその愛らしさがなんともいえない。

震災後に生まれた次男はミニカーに夢中になっていたが、手土産代わりに買ってきた妖怪ウォッチを渡すと、それが当たり前のように康生くんの祭壇に供えて手を合わせる。すぐにでも箱を開けたいのを必死に堪《こら》えているのか落ち着かない。すると由理さんは「ニイニイはもういいって言うたの？」と声をかける。次男は「言うた」と返すと、ニッと笑顔がこぼれて箱を開けはじめた。教えたわけでもないのに、次男は朝起きると真っ先に祭壇の前に来て、「おはようございます」と挨拶するのだそうだ。

仏壇のような祭壇には線香も線香立も置かれているが、線香に火をつけた跡がわずかしか残っていないことが気になっていた。

遠藤由理さん（左）と康生くん
（汚れているのは、泥の中から見つかったため）

「この部屋には一応、位牌をおいて仏壇らしく飾っていますが、私には手を合わせたり線香を上げたりするのが不自然でしょうがないんです。遺影にしても、気がついたら埃《ほこり》がかぶってるし、ありったけの写真を飾っても、素通りして見ないときもあります。ご先祖さまに手を合わせても、わが子に手を合わせるなんて……。だって、今もあの子がすぐそばにいると思っていますからね。『あんまり悲しむと、行くとこに行けなくなるよ』とよく言われますが、別にいいよと思ってます。むしろ、さ迷って私のそばに出てくれたほうがいいんです」

由理さんは、亡くなった康生くんの写真に語りかけるように言った。


あれは震災の年の五月だった。康ちゃんに逢いたい、なんで夢見ないんだろ、夢でもいいから逢いたいなあ——。そう思ったときだった。

「突然、夢を見たんです。この部屋に住んだことのない康ちゃんが、祭壇の前に置いた丸い座布団に座って『イイーッ!』って歯を見せているんです。昔から康ちゃんは『ママ、笑って、笑って』と言う子でした。ちょっと横を向くと、『ママ、どうして怒ってるの』と言うんです。『怒ってないよ』と答えると、タコみたいなへんな顔をして笑わせました。夢の中のあの子は、そのときの顔なんです。夢は鮮やかなカラーなのに、でも声は聞こえない。

『康ちゃん、そんなの、ママ、笑えないよ。笑えないってば、無理だよ』

夢の中で、私は泣きそうになって康ちゃんに声をかけていました」

その日はちょうど母の日だったから、由理さんは「これは康ちゃんから母の日のプレゼントだ」と喜んだものの、しばらくすると後につらさだけが残り、康生くんへの思いはさらに強くなっていった。

津波で逝った康生くんがそばにいると感じたのは、震災から二年経った頃だという。あの子の言葉は思い出すのに声が出てこない。幼稚園で撮ったビデオを見ればいいのに、怖いのと見れば悲しくなるのがわかっているから見ることもできない。康ちゃん、どうしてるんだろ、逢いたいなあ……、由理さんのそんな思いが頂点に達したときだった。

「二〇一三年のいつでしたか、暖かくなり始めた頃でしたね。あの日、私と中学生の娘と主人と、震災の翌年に生まれた次男の四人で食事をしていたんです。康ちゃんと離れて食べるのもなんだから、私が祭壇のほうを振り向いて、

『康ちゃん、こっちで食べようね』

そう声をかけて『いただきます』と言った途端《とたん》、康ちゃんが大好きだったアンパンマンのハンドルがついたおもちゃの車が、いきなり点滅したかと思うと、ブーンって音をたてて動いたんです」

窓際にプラスチック製のその車が置かれていた。由理さんがスイッチを入れると「ガガガガ、出発進行！」という機械音が聞こえる。もちろん勝手に動くことはありえない。

「『このおもちゃ、勝手に動くの？』

どうやったってスイッチをオンにしないかぎり動かないのに動いたのです。そのときみんな『アッ、康ちゃんだ』と叫びました。

『康ちゃん、こんなとこさ、遊んでんだ』

そう思ったらうれしくて仕方がありません。それから何日か経ったある日、主人が次男をお風呂に入れていたときでした。

『康ちゃん、もう一回でいいからママにおもちゃ動かして見せて』

心の中でお願いしたんです。そしたらまた動いたんですよ。

『康ちゃん、ありがとう』

こんな近い距離で私たちを見てるんだ。そう思ったとき、昔から私に『笑って、笑って』とひょうきんな顔をしたのを思い出しましてね。そうだ、私も笑わなきゃだめだ、頑張らなきゃだめだと思ったのです」

奥のキッチンから、長女が料理をしているのか、カタカタと音がする。由理さんは、すっかり冷たくなったお茶をすすった。

「家族はそのことを認めていますか」と僕はたずねた。不思議な体験を、真っ先に否定するのが家族であることが多いからだ。

「ええ、娘や旦那がいる前でも動いたことがありますからね。もし家族から『何をいつまでもめそめそやっているんだ』とか否定されたら……、たぶん生きていけなかったでしょうね。死なせた子供に苦しい思いをさせてしまったと思うだけでもつらいのに、さらに悪者扱いされたら……」

その年のお盆にも不思議なことがあったという。

「私は震災後、料理もできなくなったんです。子供を亡くした遺族の会に行ったのですが、私には感情がない、悲しみもないということに気づいて病院に行きました。診断は鬱《うつ》でした。かと思うと、自分がこの世で一番みたいにテンションが高くなったりして……。葬式のときがそうでした。涙一つこぼさなかったんです。鬱が落ち着いてきたと思ったら、今度はパニック障害がひどくて、今も主人や子供たちとは別の部屋で寝ているんです。睡眠薬を飲むと朝まで起きられません。

亡くなった康ちゃんは、私の親指を触っていないと眠れない子だったから、夜は必ず一緒に寝ていました。でも、次男は私の部屋に来たことがないのです。それなのに、あの日は目が醒めたら、横に次男が寝ているんです。『あれ、なんでここさいるの?』と思って主人に訊いたら、お盆に入ってから深夜に誰かと遊んでいるんだというんです。一日目は、片方の手を誰かに引かれるようにして私の部屋に来たそうですが、ドアが閉まっていたのでその前に座り込んだそうです。

次の日は暑かったので、ドアを開けて寝ました。そしたら、その日の夜も次男が起きて、『遊ぼう、遊ぼう』って、まるで康ちゃんと手をつなぐようにして私の部屋に来て、そのまま私の隣で寝たそうです。

そういえば、その前の年（二〇一二年）のお盆も不思議なことがありましたね。主人は次男と寝ているのですが、次男が深夜に起き出すと居間に置いてあるおもちゃが鳴り出し、まるで康ちゃんが次男と遊んでくれているように見えたそうです。

娘もこんなことを言うんですよ。

『(次男が) 夜中にむくっと起き出して、ブランコ、ブランコ、ブランコで遊ぼうって言ってさ。誰かと遊んでるみたいなんだ』

二〇一三年、次男はまだ二歳で、保育園にも行ってないからブランコは知らないし、ブランコで遊ばせたこともないんです。だから、これはもう康ちゃんだなと思いましたが、残念ながら、そんな遊びはお盆の間だけでした。お盆が終わるとなくなったんです。それにしても、お盆の間だけというのはなんだか嫌ですね。さ迷ってもいいから、お盆が過ぎても私のそばに出てほしいです……」

苦しそうなあの子の顔が浮かぶたびに涙がこぼれる。すると、まるでそばで見ていたかのようにあの子があらわれた。そんなに悲しまないで、とささやくように――。そのとき生者と死者の垣根は消える。

「笑顔がほんとに可愛いお子さんですね」、僕は写真を見ながら、由理さんに言った。すると由理さんの口から「康ちゃんは特別な子だったんですよ」と言葉がほとばしる。

「あの子が生まれるとき、強い陣痛促進剤を使ったのに陣痛が来なくて、そのまま破水してしまったんです。そばで医者と看護師が、ちょっとまずいからすぐオペ(手術)をやると言うのが聞こえてきました。臍帯《さいたい》脱出といって、へその緒が胎児より先に下降したため、放っておいたら血行が止まって酸欠になり、命も危ぶまれるそうです。その病院でもはじめてでしたから、日赤の小児科と外科の先生が到着するのを待って緊急帝王切開をしました。そんな危機を乗り越えて生まれた子だから、健康で長生きしてほしくて『康生』と名づけました」

「すごく健康そうですね」、僕は言う。

「ところが、生まれたら今度は喘息《ぜんそく》がひどくてね。横になると苦しそうだから、ずっと抱っこして育てました。娘は病気をしない子だったのに、この子は本当に大変で、三歳になってようやく落ち着いたんです。とにかく私の親指を触るのが好きな子で、一緒に寝るときは必ず私の親指を触って寝るんです。大きくなるのが楽しみでした。それが、たった三年と九ヵ月で逝ってしまうとは……」

遠藤由理さんは隣の女川《おながわ》町出身で、高校を卒業したあと、石巻で一人暮らしをしながら、二十九歳まで東北電力の女川原発で事務員として働いていた。二〇〇〇年に出産した長女が二歳になったとき、原発の仕事をやめて石巻に移った。そんなある日、それまで疎遠《そえん》だった実家を訪ねた。そのとき父親から、「ここは由理の家でもあるんだから、何かあったら帰って来いよ」と言われ、泣きに泣いたという。「私は一人じゃないんだ。私にこんなことを言ってくれる人がいる。自分を育ててくれた親のために何ができるんだろう」と考え、それまでやりたかった介護しかないと思って資格をとると、訪問介護とデイサービスがある施設で働くようになった。仕事は順調だったが、子供のためにも職場が近い方がいいと、自宅の近くにグループホームができたのをきっかけにそこへ移った。そして二〇〇七年、長男の康生くんが生まれる。

「でも、父親の元夫はすごい酒乱でしてね。別れようかどうか迷ったとき、康ちゃんが『怖い、嫌だ』と言ったので離婚を決めました」

そして三月十一日を迎える。

「この日の仕事は午後三時まででした。だから、もうすぐ帰れるなと思っていたときの大地震だったんです。あわてて康ちゃんが通っている幼稚園へ迎えに行くと、みんな逃げる用意をしていました。『康ちゃん?』と呼びかけたら、ジャンパーも着ないで出てきたので、そのまま車に乗せて職場の介護施設に戻ったんです。職場でも避難することになり、『康ちゃん、ママはおじいちゃんとおばあちゃんを連れて行くからちょっと待っててね』と言って康ちゃんを車に乗せたまま、お年寄りを避難させていました。しばらくして車に戻ったら、震災後に再婚する今の主人が康ちゃんを抱っこしていたんです。

『え、何しに来たの?』

『心配だから来た』

その日は休みだったから、私たちのことが心配で見に来てくれたそうです。康ちゃんは彼にすごくなついていたので、彼の実家に避難させることにして、私は『康ちゃん、ごめんね、あとで迎えに行くからね』と言って別れました。

私は、お年寄りを避難所になっていた渡波《わたのは》小学校に連れていきました。そこは娘が通っていた学校なのでよく知っています。娘もお年寄りと一緒にホールで待機していました。そのとき、子供たちが『津波だ』と騒いだので、私たちも慌てて上の方へ逃げたんです」

静岡県小学校副読本『心ゆたかに』の中に、このときの様子を書いた当時小学五年生だった長女の作文が収められている。

〈雪がふってきました。私たちは、渡波小学校の体育館にみんなひなんしました。何分かたつと、お母さんが来ました。しかし、なぜか弟の姿はありませんでした。私はお母さんにたずねました。

「康ちゃんは。」

お母さんは、

「お友達にあずかってもらっているからだいじょうぶ。」

と言いました。私はひとまず安心しました。

また何分かたつと、とつ然みんなの様子が変わりました。

「津波だあ。」

という声。そう、津波がせまっていたのです。私は急いで母と体育館上のギャラリーに上りました。外を見ると、目の前まで海がせまっていました。ぎゅうぎゅうのせまいギャラリーの中で、不安が一気におそいました。〉

「津波は怖かったし、康ちゃんのことも気がかりでしたが、彼の実家は避難所の近くでしたから安心していました。次の日に彼を見たとき『ああ、よかった、大丈夫なんだ』と胸をなでおろし、『康ちゃんは？』と訊いたら、みるみる顔色が変わったのです。その瞬間、何が起こったかわかりました。

『うわーっ、そんなわけない、そんなわけない！』

私は泣き叫んでいました。

彼は自分の実家に康ちゃんを連れて行ったのですが、そこへ康ちゃんの実の父親が乗り込んできたそうです。そして『康生はおらの子供だから、よこせ』と、玄関で押し問答になったようです。『津波が来るから、おめえもおらさ二階に上がって避難しろ』となだめても、聞く耳持たず。実の親だから、彼も強く出られなくて、康ちゃんを渡したようです。

そのとき、どこか高台に逃げてくれたらよかったのに、私と縒《よ》りを戻したかったのか、よりによって私たちがいる渡波小学校に向かったんです。きっと康ちゃんを連れて、私に会いに来るつもりだったんでしょうね。その途中で流されたんです。あのまま主人の家にいたら助かっていたのに……。

結局、元の旦那だけが助かりました。助けた人に聞くと、元旦那は、ビルの上からホースを降ろしてもらい、そのホースにつかまって助かったのですが、そのとき康ちゃんはいなかったそうです。おそらく抱っこしていた手を離したんでしょうね。

『とにかく康生を連れてきてぇ！』

私は半狂乱になって叫んでいました」

由理さんはその日から、最後に康生くんを見た人を探し出しては状況を聞き、流された先の見当をつけて歩き回った。

「発作を起こしながら、行方不明の康ちゃんを探すのに、あちこち歩きました。自分が探しに行けないときは、康ちゃんの特徴を書いた小さなメモを、いろんな人に頼んで配ってもらいました。実家に戻っても車はないから歩いて探しました。母親は安置所に行けと言いましたが、康ちゃんの死を認めたくなかったものだから、『そんなとこにいるはずがない』と言い返していました。

あれは震災から約一ヵ月後です。ある場所に来ると左肩が重くなるんです。肩こりだといえばそれまでですが、最初は歩きすぎて疲れているんだと思いました。でも、女川の実家に戻ると治まるんです。次の日も探し歩いているとやっぱり肩が重くなる。そのとき、なぜか康ちゃんに呼ばれている気がしたんです。一緒に探してくれていた今の主人に言いました。

『ここを通るたびに肩が重くなるんだ』

『康生、呼んでんだべな』

見回したら、近くの中学校で自衛隊の方が円陣を組んでいます。私は駆けていき、康生の特徴と、私の名前と電話番号を書いたメモを渡して探してくれるように頼みました。自分たちは道路を整備する部隊だと言われたのですが、『それでもいいんです』と強引にメモを渡したんです。すると次の日に、『捜索したら、昨日受け取ったメモと同じ特徴の子が見つかりました』と連絡があったのです。康ちゃんが見つかった場所は、実の親がホースで引き上げてもらった真下でした。

あの日は晴れているのに雷が鳴ったりして、おかしな天気でしたね。

フラフラになりながら現場にたどり着いたら、自衛隊の人たちがみんな鼻水を垂らしながら大泣きしていました。前には康ちゃんが袋に包まれ、チャックを開けている人たちも震えながら泣いていました。すぐには近づけず、主人が特徴のあるおでこで確認して、私のほうに合図を送ってくれました。

私はわっと駆けていき、一度だけ抱っこさせてもらいました。そして一個だけ持っていたチヨコを、泥だらけの口に持っていき……。真っ黒な顔でした。私があそこに近づくたびに康ちゃんは『ママ』って呼んでたんかな。三歳だからどこさ行けばいいかわからず、さ迷っていたんじゃないか。さ迷ったら私のとこさ出たらいい――、私は泣きながらつぶやいていました」

僕はどう返していいかわからず、「震災後、何がいちばん苦しかったですか」となんだか間の抜けた質問をしていた。

でも由理さんは真剣に返してくれた。

「あの子に逢えない寂しさでよく涙が出ますが、では何がいちばん苦しいかというと、そのことじゃないんです。霊柩車の一番いいのをと頼んだのに、子供サイズのがないと言われてボロボロの軽に乗せられたこと。そして、あの子が最後に口にしたのが泥の混じった冷たい海水だったと思うと、かわいそうでかわいそうで……。せっかく生まれてきてくれた子に、そういう思いをさせたのがつらいんです。私は大人だから我慢できるけど、あの子があんな冷たい海水に……。それが苦しくてたまらない。少しでも同じ苦しみを味わえないかと思って、洗面器に冷たい水を入れて顔を突っ込んだこともあります。でも、私は洗面器から顔を上げても生きているけど、あの子は……と思うと、また涙が出てくるのです」

海水に浸かった写真（遠藤由理さんと康生くん）

人はみな死ぬが、順番をたがえて子供を先に逝かせた親は、いつまで経ってもその死を受け入れることができない。「この悲しみは、何年経っても癒えることはないでしょうね」、僕はそっと由理さんに言った。

「ええ、このつらさは何年経とうと、絶対に消えないし、消すことは無理です。でもね、あのおもちゃが動いたおかげで、次男と遊んでくれたおかげで、夢のおかげで、康ちゃんがそばにいることがわかったんです。このつらさは何年経っても消えないけれども、今も心の底からは笑えないけれども、私が笑ってる顔を見ると康ちゃんも安心するのかなと思って、『ママ笑うよ、だから見ててね』という気持ちに変わったんです。

康ちゃんに見られてるんだと思ったとき、私はそう簡単に死ねないんだということに気づきました。生きる目的がわかったんです。それが生き残った子供たちの子育てだったんです。

ちょっと前までは、一日寝たら康ちゃんのいる世界に近づいたんだとしか思えなかったんです。ひどい母親かもしれないけど、娘にこう言ったことがあります。

『ママが死んだら、多分あんたは泣くと思うけど、ママはやっと康ちゃんに逢えるって喜んで逝くんだから、絶対にママかわいそうだと思わないでね』

それが、康ちゃんの存在をそばで感じられたおかげで、『ママを見てんだな、じゃ、ちょっと頑張っかな』という気持ちになりました」

由理さんは、康生くんの命日に必ず墓参りするが、それは単に親から墓参りが大事だと教えられたからで、墓の中に康生くんがいるとは思っていないという。

「康ちゃんはお墓なんかではなく、私たちのすぐそばにいるんです。今の私にとって、何が本当のことかといえば、私のそばで『ママ、笑って』と言ってる康ちゃんがいることと、頑張って仕事をしている自分がいることなんです。お経を唱えたり、手を合わせて拝んでいる姿よりも、きっと私が仕事をしている姿の方が笑ってくれると思う」

由理さんは介護の仕事に戻った。二〇一四年にリンパマッサージの資格も取った。リラクゼーションというよりも、介護の仕事をする中で、年寄りたちにやってあげられないかと考えたからだ。

大切な人との別れは、それがどんな死であっても突然死である。とりわけ津波で亡くなるような場合、死を覚悟する時間がなかっただけに強い悲しみが残る。その悲しみは、幾年を経ても消えることがない。もういちど逢いたい、もういちどあの人の笑顔が見たい、ずっと一緒にいたい、そんな強い思いに引かれて、亡くなったあの人があらわれる。生きていたときの姿のままで、あるいは音になって、あるいは夢の中で。そのあらわれ方はさまざまだが、その刹那、大切なあの人は遺された人の心の中でよみがえり、死者と生きていることを実感するのだろう。

後日、由理さんから電話があり、夜中に康ちゃんがボール遊びをしているのか、黄色いボールが動くんですと笑った。

5　神社が好きだったわが子の跫音《あしおと》

永沼恵子さんの体験

由理さんの友人に永沼恵子さん（45）という女性がいる。由理さんがリンパマッサージの資格を取ったときに出会い、同じパニック障害ということもあってすぐ打ち解けたそうだ。ある日、由理さんの部屋に恵子さんが遊びに来た。由理さんが電話していると、ソファーに座っていた恵子さんが声をあげて笑った。

「ど、どうしたの？」

由理さんは怪訝《けげん》そうにたずねた。

「今、由理ちゃんの子供が私にイタズラしたみたい。だって、いきなり私のカーディガンを引っ張るのよ」

「ええ！　そういうのって怖くないの」

「なんで？　怖くないっちゃ、うちでもよくあるもん」

恵子さんは、カーディガンがやさしく下の方へ引っ張られるので由理さんの子に間違いないと思ったそうだ。由理さんも、あれはきっと康ちゃんだと言う。

「いたずらというより、康ちゃんはお姉さんが好きなの。綺麗《きれい》な女の人が来ると、恰好《かっこう》いいところを見せたがるから、恵ちゃんにならやりかねないのよ。最初は恵ちゃんには隠したっちゃ。だけど、あのとき笑ってくれたから、実は私もね、と話ができたの」

恵子さん夫婦には琴くんと蘭くんという二人の息子がいた。琴くんは震災当時八歳、石巻市立大川小学校二年生だった。あの日、大川小学校の全校児童百八人は担任教諭に率いられて校庭に移動した。その後、保護者の迎えの車が何台か到着してわが子を連れて帰ったが、残った生徒たちが避難を始めたのは津波に襲われる一分前だった。結局、生徒の七割に当たる七十四人が津波で死亡・行方不明となる大惨事となった。琴くんも、あの津波に巻き込まれて今も行方不明である。

三月十一日、その日はたまたま恵子さんの仕事が休みだった。二歳下の蘭くんが風邪《かぜ》をひいたために風邪薬などを買いに出かけたが、車で大川小学校の前を二度も通った。琴くんを乗せて帰らなきゃと思いながら、時計を見たら午後一時半だった。二時四十六分発のスクールバスがあるからまあいいやと思い直し、そのまま自宅に戻ったという。

「私たちはスクールバスに乗ると思ったんです。バスでそのまま帰してくれれば助かったんです。それなのに、先生が『お迎えが来るまで学校で待機』にしてしまった……。あの日にかぎって学校の前を通ったのは、ご先祖さまが迎えに行けと私に伝えたかったのでしょう。なのに、私に霊感がなかったために……。感覚を研《と》ぎ澄《す》ましていたら、あの地震に気づいたはずなのに……」

あのとき息子を待ってやらなかったことに、恵子さんの後悔は今も続いている。

恵子さんは、明るくどっしりした印象を与えるお母さんで、外見からは最愛の息子を亡くしたとは思えない。ところが数分も話をしていると、どういえばいいのか、ときおり膜《まく》がかかったような暗い影に覆われる。そのたびに僕は息が詰まり、どう声をかけていいのか戸惑《とまど》ってしまう。

僕らは、恵子さん一家が震災前までいたという北上川河口の長面浦《ながつらうら》に向かった。海岸線に漁師の家が軒を連ねていて、恵子さんの自宅もそこにあった。敷地は三百五十坪。目の前が海で、そこには船を係留する永沼家専用の小さな桟橋もあった。震災前はここに船を四艘もやってい て、夫は会社勤めをしながら祖父と漁をしていた。このあたりの漁師はほとんど農業か会社勤めの兼業だという。

沖合には牡蠣《かき》を養殖するいかだがずらっと浮かんでいる。あらかた津波で流され、これらは震災後に作り直したものだ。

「あの日は大きな揺れが何度もあって、避難先の公民館に逃げたのですが、はたと子供のことを思い出して車で学校に向かいました。ところが、長面浦の入り口にある橋が地震で壊れて渡れなかったのです。橋の向こう側から消防団の人が『津波警報が出ているから山へ、山へ』と叫んでいました。そのとき、学校の方が海から遠いから安全だろうと思い直し、近くのお寺に避難したのです。

雪が降っていて寒い日でした。お寺のある山の上に立っていると、やがて海水が山のように押し寄せてきて、長面の体育館が波に呑み込まれるところが見えました。大丈夫かな、大丈夫かな、と思っているうちに家がどんどん流されてきて……。子供のことが心配でいてもたってもいられません。それなのに動くに動けないのです。蔵に保管されていたコメでなんとか食いつなぎながら、ようやくヘリコプターで吊《つ》り上げてもらって脱出したのは三日後のことでした。避難先の体育館で、旦那から『琴が見つかんねえ』って言われて、はじめて息子の琴が行方不明だと……」

萱《かや》の原がつづく北上川沿いの道を下ると、廃墟になった大川小学校の建物があった。その前に供えられた祭壇には、ひっきりなしに誰かが手を合わせている。僕は恵子さんと廃墟の中へ入った。鉄筋がむき出しになった柱が転がり、コンクリートの渡り廊下は泥水に浸かって茶色くすすけ、弥《いや》が上にも津波の圧倒的な力を見せつけられる。二階の教室は、猛烈な力でこすり取ったように何もかもなくなっている。誰が吊るしたのか、風に揺られて風鈴がいつまでも鳴っていた。

「琴のことを考えるといてもたってもいられず、旦那と一緒に毎日探しに行きました。あのへんに子供たちが流されたらしいと聞くと、避難所の体育館から海の中を歩いて探しに行ってました。スコップは遺体を傷つけるから、掘るのは素手《すで》か瓦《かわら》の破片。手はあっという間に傷だらけです。ジャンパーのフードなんかが見つかると『見つかったぞー』って叫ぶんです。するとみんなが集まってくれ、素手で掘るんです。一日中、飲まず食わずで探したこともあります。風呂も十日以上、入れませんでした。遺体が見つかったりすると一人二人と去っていき、最後まで残って探していたのは私と旦那でした。でも琴は見つかりませんでした」

廃墟の教室に入ると、川面を渡ってきた風が空気をふるわせて通り抜けていく。ヒュルルル〜ヒュルルル〜と、まるで子供が泣いているような音だ。

「あるとき子供たちに送られてきた支援物資の中に画用紙やクレヨンがありました。蘭は絵を描くのが好きですから、私が捜索に行ってるあいだに描いていたんです。その絵を見てびっくりしました。全部赤いクレヨンで描いているんです。人の顔を描いては赤い渦巻きで塗《ぬ》り潰《つぶ》していました。二十何色もある中で赤だけを使って描くなんて……。そのとき『これは蘭の心の叫びだ』と思い、旦那には『蘭を一人にしておけないから、私はもう捜索に行かない』と言いました」

このあと僕らは、自宅である仮設住宅ではなく、由理さんがアパートの一室ではじめたリンパケアサロンで話を聞くことになった。学校から帰ってきた蘭くんに、「仮設住宅は、隣の人のくしゃみもおならも、トイレを流す音も聞こえる。毎日修行しているようなもの」と言われたからだ。

震災後、恵子さんは知人から「エステサロンを手伝ってほしい」と頼まれたが、たんに手伝うだけでなく「この悲惨な状況の中で、どこまで頑張れるかやってみたい」と、施術の資格をとり、普通は五年かけないとなれない〝サロンチーフ〟に三ヵ月で合格した。しかし二年後にはやめてしまう。パニック障害を起こしたからである。

「最初の頃は、逢いたい、逢いたい、透明でもいいから逢いに来てほしいと思っていましたが、そういうときって何も起こらないんですね。不思議なことが起こったのは、震災から二年ほど経ってからでした。仕事に目を向けて頑張れるようになってきたら、なんとなく始まったんです。

あれは二〇一三年の六月だったと思います。津波があったあの日から、月命日には旦那と必ず震災前に住んでいた家に行くことにしていました。学校の前を通るのが嫌で、絶対に一人で行けなかったのに、なぜかその日は気がついたら一人で家の前に立っていたんです。あれ、どうしたんだろう、と思いながら何気《なにげ》なく携帯の写メで家の写真を撮ったら、なんと窓に琴の顔が写っているじゃないですか。ああ、私のそばにいたんだあ……。でも、あのときははっきり写っていて誰が見ても琴とわかったのに、日が経つにつれてだんだん薄くなっていくんですよ……」

恵子さんが残念そうな表情をすると、横で聞いていた蘭くんが割り込んできて「見せて、見せて」とせがむ。「あんたには見せなかった?」と恵子さんが言うと、「見てねえよ」とふくれっ面をしながら携帯を奪った。写真を見た途端、蘭くんは「あ、これ……あ、あ、ああ」と奇声を発した。

「わかる、見える!　ここに、青と赤の……」

確かに顔が写っていて不思議な写真だが、私のような部外者にはその顔が琴くんかどうか判別はつかない。最初は同級生の母親に見せると「琴ちゃんだね」と言われるほどはっきり写っていたそうだが……。

不思議なことが起こるようになったのはそれからだった。風もなく窓も閉めきっているのに、ティッシュが激しく揺れたり、ドタンと大きな音がしたり。今でもよく起こるのは、天井や壁を走り回る音だという。

「壁を叩いたり、天井を歩いたり。旦那もみんな聞いています。仮設住宅の部屋は狭くて寝室用の部屋に二人しか寝られないので、私だけ仏壇のある部屋で寝てるんです。旦那も気づくと眠れなくなるようで、すると翌朝『昨日、琴が来たぞ』って言うんです。『なんであいつ、天井とか壁を鳴らすんだ』って。私が寝ているときもそうです。トン、トトン、トンって感じで、リズムよく天井を歩いているんですよ。たいてい夜中ですね。

琴は独特な歩き方をする子で、飛び跳《は》ねるように歩くんです。雲の上を歩くような感じと言えばいいのかな。それとまったく同じリズムだから、家族なら『あ、琴だな』ってすぐわかります。ときどき、運動会で走るみたいにちょっと危険だなって思うほどすごい音を立ててるときもありますが、ぜんぜん怖いとは思いません。

誰かが上で走り回ってる？　仮設住宅の上には誰も住んでいませんし、天井を歩くなんてとても無理です。

壁から聞こえるときはトントンってノックするような音なんです。いたずらっ子だったから、ときどきラップみたいにリズムをとっています。どう言えばいいのか、ノシノシという感じじゃなく、パタパタという感じ。一刻もじっとしていられない子でしたから。今でも続いていますが、とくにお盆のあいだはすごかったですね」

「座敷童子《ざしきわらし》だね」と蘭くんが口をはさむ。「もっともだ」と僕。「いつも深夜に天井を走ってるの？」と蘭くんにたずねる。「いつもじゃないけど」と蘭くん。恵子さんは言う。

「私って普段はこの通り明るく振る舞っているのですが、いろいろ後悔することや心が折れる日もあるんです。そういうときは眠れなかったり、あるいは一人で泣いていたりすると、壁や天井を走っていたずらするんです。きっと、琴なりにすごく心配してるんだと思うんです」

あの世とこの世をつなぐ空中回廊を歩くように、琴くんの跫音《あしおと》が聞こえてくる。たったそれだけで、亡くなったあの子の気遣《きづか》いが伝わってくる。それにしても、震災直後のいちばんつらいときに出てきてくれなくて、どうして落ち着いたころに出てくるのだろう。

「最初はつらくて、家に引きこもって泣いてばかりでした。蘭のこともあって頑張らなきゃと思うんですが、頑張れないんです。早く逢いたい、逢えないなら私もそっちに行きたい。そんなことを思っているときは何も起こりませんでした。どん底から這い上がっていないのに（琴が）見えたら、逆にあっちの世界に逝きたくなるじゃないですか。だから、心配して姿を見せないんだと思うんです。天井を歩くのは、仕事に集中できるようになり、ある程度気持ちの整理がついて死にたいなんて考えなくなったから、琴も安心して私を慰めようとするんだと思うんです」

ラップのように音を立てて天井を走ったり、風もないのにティッシュが揺れるのを見ると、いつもそばにいるような気がすると、恵子さんは由理さんと同じことを言った。

余談だが、恵子さんは、いかにも東北ならではのこんな体験を語ってくれた。

「ちょっと具合が悪くなったときに霊感がある人に会ったんです。『昨日、あんたどこさ行ったの？』と言われたので、『お墓に行ってきた』と答えると、『やっぱり。どうもおばあさんと女の子がついて来たようだね』って。琴の同級生だった女の子のお墓に、ママも頑張ってるからねって話しかけて、帰って来た途端に具合が悪くなったんです。

『どうすればいいの？』

『その子のお母さんに会う機会はある？』

『明日会う』

『そのことを話して〝お母さんが来たからね〟ってその子を渡したらいいよ』

お母さんに会ったとき、その子に『お母さんを間違ったらだめだよ』と言ってお母さんに手渡すアクションをしたら肩が軽くなったんです。おばあさんの方は『孫が心配でついて来ただけ』というので、霊感のある方に頼んで帰ってもらいました」

これに似た話は恵子さん以外からも聞いたが、東北に今も残っているこういった「あの世この世」観が、さまざまな霊体験につながっているのかもしれない。

恵子さんは大川小学校のアルバム写真と薔薇《ばら》の造花で飾られた遺影を持ってきてくれた。笑《え》みを浮かべている琴くんの顔はお公家《くげ》さんのようだ。初めて琴という名前を聞いたとき、僕は女の子と勘違《かんちが》いしていた。琴くんは怒るかもしれないけれど、あらためて写真を見ると、女の子にしてもいいほど整っている。

琴くんが恵子さんの夢にあらわれるとき、なぜかいつも赤ちゃんの姿で恵子さんに抱かれているのだという。二歳下の蘭くんが生まれ、甘えられる時間がなかったからではないかと恵子さんは思っている。

「琴も、蘭が弟だからかわいがるのですが、オッカアをとられたという気持ちが強かったんでしょうね。私と二人になると、『なんで蘭くんを生んだの？』とか『ずっと琴のオッカアでいてほしかった』なんて言うんです。だから夢の中でも甘えたいのだと思うの。あの子はほんとに甘えん坊でした。甘えることに恥ずかしさがないんです。あれは小学校一年生の授業参観でした。スクールバスに乗った琴を見送ったあと、授業参観に行ったら、学校の玄関で私を待っているんです。車から降りると私に抱きついてきて『オッカア〜、会いたかったよぉ』って。まるで何日も会ってなかったように擦《す》り寄るんです。知らない人が見たら離れて暮らしてるように思いますよね。

周りにいた女の子が『赤ちゃんみたい』って笑っているので、『一年生にもなって、そんなことをしたら女の子に

永沼琴くん

笑われるよ』と言うと、

『赤ちゃんって言われたっていいんだもん』

平気で私に抱きついて離れないんです」

風変りなのはそれだけではなかったようで、琴くんは「不思議ちゃん」と呼ばれていた。不思議ちゃんだからこそ、天井を走ったりするのかもしれない。なにしろ、彼の夢は神楽師になることだったというのだ。

「カグラシ？」と僕はたずねる。

「神社のお祭りで御神楽《おかぐら》ってあるでしょ？　あの神楽を舞う人のことです。うちの息子は野球とかサッカーとかにまったく興味がなくて、御神楽大会に出るのが夢だったんです。お祭りに行くと、宮司《ぐうじ》さんとすぐ仲良くなって名刺をもらうんでしょうね。宮司さんの名刺がたくさんありました。お祭りが近づいてくると『今度のお祭りはいつですか？』って電話をかけていました。生まれてから遊園地に行きたいなんて言ったことがないのに、どこそこのお祭りで御神楽をやるから連れてって、と言う子でした。行くと、『あら、来たの』なんて、私たちの知らない大人から、まるでお仲間みたいに声をかけられているんです。ほんとに変わった子でした。

学校から帰ってくるでしょ。もちろん子供だから遊びには行くんですが、その前に家の中で御神楽をひと踊りしてから『行ってきます』って出て行くんです。旦那は庭にウッドデッキを作ったのですが、そこがあの子の神楽殿でした。御神楽のＤＶＤをかけながら、そこを舞台にして踊るんです。遊びに行くのはそれが終わってからでした。

家族で遊びに出かけるときも、中尊寺とか金華山《きんかざん》とか、ほとんどお寺か神社でしたね。石巻って車で走っていると山の上のほうによく神社があるんですが、鳥居を見つけると、『おおぉ～、オッカア、鳥居があるよ』って宝物でも発見したような声を出すんです。

一度見たものはしっかり覚えているらしく、新聞に神社の広告が入っていると、写真を見ただけで『あっ、これは雄勝《おがつ》の葉山《はやま》神社でしょ』『皿貝《さらがい》の大日孁《おおひるめ》神社だよね』って。あんな難しい漢字を読めるはずがないのに覚えたんでしょうね。おかげで私たちは、石巻の神社という神社はぜんぶ歩かされました。それ以外は図書館に行って、たとえば御神楽の演目に『岩戸開き』があると聞くと、それに関する本を借りてきたり……。陰陽師の映画を見ながら、『オッカア、これ岩戸開きの話だよね』なんて言われても、私なんか『えっ、そうなの』って言うしかないですよ」

「いくつぐらいから興味を覚えたんですか?」と僕はたずねた。

「三歳ぐらいですかね」

「はぁ、三歳で神社ですか?」

石巻は比較的神社の多い町で、宮城県神社庁のサイトで調べると、宮城県内の神社九百三十一社のうち、石巻にはなんと百四十一社もある。これを亡くなる前年までに全部回り、全部覚えたというのだからやはり「不思議ちゃん」である。

あるとき、時間があったので、僕は石巻市の神社を何社か回ったことがあった。石巻駅から歩いても行ける高台に羽黒山鳥屋《はぐろさんとや》神社がある。社務所をのぞくとたまたま若い神主さんがいたのでうかがうと、石巻には延喜式《えんぎしき》（平安時代の法令集）に出てくる神社だけでも十社あるという。ちなみに、前出の吉岡さんによれば、東北には延喜式に出てくる神社は約百社あり、そのうち半分は宮城県にあるそうだ。千年も前から継承されてきた古社があるということは、古代に大和朝廷が多賀城を築城した頃にできたのだろう。その時分、この神社がある場所は鳥屋岬といい、現在の駅や市街がある一帯は海だったという。「船からこの社が見えたのでしょう」と神主さんは言った。この石巻も気仙沼と同じで、長い年月を経て土砂が堆積したり、あるいは埋立てられたりしてできた土地が、あの津波に洗われたということだろう。

ひとしきり沈黙がつづき、恵子さんは熱いお茶を淹《い》れてくれた。

「神楽師はなりたいと思ってなれるものですか？」と僕はたずねる。神楽師は社家神職が受け継ぐものと思っていたからだ。

「探したら御神楽を教えてくれるところがあったんですが、その時はまだ小学校一年生だったから、四年生ぐらいにならないと理解できないと断られたんです。それを聞いて琴はわんわん泣きました。入門は許されなかったのですが、好きだからいろんなところでビデオを撮るじゃないですか。それを見ながらわが家で毎日練習していたんです。

小学生になって、どこかのお祭りで踊ったのを見た神楽師の方四人が、わざわざわが家まで訪ねて来られましてね。『琴くんをうちに貸してください』ってスカウトされたことがありました。そして震災の前の年の十一月に、河北（石巻市中北部の旧町域）の御神楽大会に出たんです。ものすごい大きな舞台でした。そのときが、あの子にとって人生最大の晴れ舞台だったんじゃないでしょうか」

「三歳から神社や御神楽に興味があるなんて普通じゃないですね」と僕は言った。すると恵子さんは、「もともと不思議な子でしたから」と目を細めて笑う。

「あの子は二歳で普通にしゃべっていまして、あれは二歳の誕生日がすぎた頃です。赤ちゃんはお母さんのお腹にいたときのことを覚えていると聞いたことがあるので、琴にたずねたんです。そしたら『うん、お水の中で泳いでいたんだよ』から始まって、『暗かったけど、オッカアの声は聞こえていたよ』とか、いろいろしゃべり出したのでびっくりしました。

あの子は四歳まで保育所に入れなかったし、誰かに預けないで私の手元に置いてましたから、そういう情報は耳にしていないはずです。だから、やっぱり覚えているんだ、と感心していたら、今度は『空の上からオッカアのこと見てたよ』って言い始めたんです。

『空の上からオッカアのこと見てて、ずっとオッカアのとこに行きたいなぁと思ってたから、オッカアに会えてほんとによかった』

ええ！　なんなんだ、と思いましたが、私を選んで生まれてきてくれたんだと思うと胸が熱くなりました。

そうそう、大川小学校に入学して二、三日経った頃でした。ただいまって帰ってきたら、すごく晴れやかな顔をしてるんです。『何かいいことあったの』と訊いたら、『なんかね、一年生になったら、もう何も見えなくなったよ』と言うんです。あんた、今まで何を見てたの、と思いましたね。不思議なことを言わなくなったのはそれからです」

琴くんの遺体はまだ見つかっていない。でも、恵子さんと琴くんはしっかりつながっている。そして、未来を絶たれた琴くんを思うたびに、恵子さんは思う。私は絶望しない。自分が頑張れば、きっと琴は（あの世の）いいところに行ける気がする——。

恵子さんは「琴に頑張っている姿を見せたい」と、エステや耳つぼアーティストなどの資格をとって、二〇一五年に自分のサロンをオープンさせた。亡くなった琴くんが背中を押したのかもしれない。

恵子さんと先に登場した由理さんには共通する点がたくさんある。いや、二人に共通するのではなく、大切な人を喪ったすべての遺族に共通するのかもしれない。たとえば由理さんが、あの子がそばにいると思うと頑張れると言ったが、恵子さんもそうだった。

「迎えにも行ってあげられなかったし、助けてもあげられなかったのに、天井を走ったりして、私たちのそばにいてくれたんだと思うと、頑張らなきゃと思う」

また、こんなことも言う。

「他人の霊を見たら怖いでしょうね。でも私は見方が変わりました。その霊も誰かの大切な家族だったんだと思えば、ちっとも怖くないと思えるようになったんです」

由理さんもやはり同じことを言っていたことを思い出した。

「この世」と「あの世」があるとしたら、私たちの心には、その間に大きな溝がある。あるいは合理主義者なら、「あの世」なんてあるはずがないと言うだろう。しかしこの二人にとって、死者がいる「あの世」はお隣さんのような感じで存在している。いにしえの日本人が死を「逝く」と表現したのもこういう感覚ではなかっただろうか。「ご先祖様に申し訳ない」という倫理観も、そばにある死後の世界から見つめられている感覚があったからだ。

かつての日本には、生者と死者は共に生きるという文化があったように思う。いわば死者と生者の共同体である。

たとえば、沖縄には清明祭といって、門中墓の前で死者と飲んだり踊ったりする風習があるのもそうだ。お盆の時期になるとお墓の前に故人が好きだった食べ物を供えるのも同じだろう。田舎に行けば今も鴨居の上に亡くなった人の写真や肖像をかかげているのもそうである。死者と共に生きる感覚が、まだ東北に強く残っているのかもしれない。

亡くなった人との再会は、大切な人を死なせて後悔している生者が、あの世の死者と和解する場であり、死者と共に生きていることの証でもある。だからこそ、それがどんなかたちであっても、大切な人との再会を祝福してあげたいと思う。そのとき生者は、死者と共に自ら新たな物語を紡ぎだせるはずだから。

不思議な体験をした方たちを巡るこの旅もそろそろ終盤に近づいてきた。僕は石巻から仙台に向かう電車の窓辺に座り、太平洋をぼんやりと眺めていた。女学生が数人、たわいもない話でキャッキャッと騒いでいる。

どうして僕はこの旅をすることになったんだろう。十年ほど前なら、「霊」と聞いただけで体が拒絶したはずだ。おそらく、たくさんの亡くなっていく方と話をしているうちに、不条理で不合理な死を、合理的な考え方で理解しようとするのは無理だとわかったのかもしれない。

今回の旅のきっかけは、『遠野物語』だったと思う。あの中に地震の後の霊体験はたった一話しかなかったが、もしも明治三陸地震の直後だったら、柳田國男はもっとたくさんの体験談を聞いていたのではないだろうかと思ったのだ。

被災地を巡りながら、ところどころで目を閉じて百年後のことを想像してみた。僕はもちろん、目の前を歩く人も、トラックを運転している人も、津波で家族を喪った人も、誰一人として存在していない。時間とともに記憶はおぼろげになり、言葉は風化し、そしてその人の死とともに体験も消えていく。死者・行方不明者の数字は残っても、亡くなった人にまつわる物語はなかったことになる。そうなる前に、せめて彼らの言霊《ことだま》をきちんと残しておきたい。べつに大上段に構えたわけではなくて、なぜかそうしないと申し訳ない気持ちになったのだ。誰に申し訳ないのか、自分でもよくわからないのだけど。

人は物語を生きる動物である。そのことはこの旅を終えてあらためて確信した。最愛の人を喪ったとき、遺された人の悲しみを癒《いや》すのは、その人にとって「納得できる物語」である。納得できる物語が創れたときに、遺された人ははじめて生きる力を得る。不思議な物語はそのきっかけにすぎない。亡くなったあの人と再会することで、断ち切られた物語は、生者によってあらたな物語として紡ぎ直される。その物語は、他者に語ることで初めて完璧なものになるのだろう。

だからこそ、「やっと聞いてもらえてほっとしたわ」「家族でも信じてくれないんです」と何度言われたことか。一時間だけよと言いながら、会ってみると三時間、四時間と語り続けた方もいる。語りたくとも語れなかったのである。なぜなら彼らの語る体験は、非科学的でいかがわしいと思われているから。僕自身、被災地の不思議な体験を聞く旅をしていると言うと「へえ、幽霊をね……信じてるんだ」と軽蔑するような目で見られたこともあった。

こうした誤解が生まれる背景に、「幽霊」と「霊」を混同していることもある。「幽霊」は、中世の怪談が江戸時代に謡曲や歌舞伎に取り上げられてから広まったフィクションである。しかし「霊」は、いわば「死後の意識」といえるものだろう。では存在するのかと問われたら、存在するとも存在しないともいえない。なぜなら、科学とは、自然現象の中から再現可能な現象を抜き出して、それを統計的に究明していく学問だからである。再現性のない「霊」は科学の対象にはならない。

先の岡部さんが、亡くなる数ヵ月前にこう言ったことがある。

「大自然という大海の中に論理という網を投げて、引っ掛かってきたものが科学的成果で、大半の水は科学という網目からはこぼれ落ちるんだと物理学者の中谷《なかや》宇《う》吉郎《きちろう》は言ったが、そういう科学の限界点を知れば、お迎え（霊）が存在しないなんて恥ずかしくて言えないはずだ」

もっともこの科学も、フランスの哲学者デカルトの「我思う、ゆえに我あり」という思索が自我を確立させ、対象を自分と切り離して観察することで発展してきたものだ。つまり近代科学とは、たかだか四百年の歴史にすぎないのである。生命の歴史四十億年の中の、たった四百年なのだ。その程度の歴史で、理解できなければ排除することのほうがおこがましいと言わざるを得ないだろう。

百人いれば百通りの人生があるように、不思議な体験も、体験した人の数だけ膨大《ぼうだい》なエピソードがある。僕が会った人などほんの一部にすぎない。亡くなったあの人に逢った、声を聞いたという霊的体験が「事実」なら、「霊」の存在を云々《うんぬん》するよりも、その体験を素直に受け止めることからスタートすべきだろう。

過酷な体験をした被災者は、自らの体験を語ることでセルフケアをしたいのだ。それを受け止めてやれず、悶々《もんもん》と過ごしている被災者がいる社会こそ異常ではないだろうか。作家のサン

＝テグジュペリではないが、この世には見えるものだけでなく、見えなくても大切なものがある。不思議な体験を「非科学的」と否定せず、悲しみを抱えた人の声に耳を傾ける優しさがあれば、遺された人は喜んで死者とともに生きることができるはずである。

　僕は仙台で乗り換えると東京に向かった。

　座席に深く座りながら、短い旅の中で会った方たちの悲しみと、その悲しみを癒す邂逅に思いを寄せていた。石巻をはじめ、被災地のどこに行っても急速に復興へと向かっていた。しかし、橋ができ、道路ができ、ビルが建ち、住み慣れた町が新品になったところで、それがほんとうに復興と言えるのだろうか。あの大震災で、一万八千人余という方たちが亡くなった。大切な人を喪って抱えきれない苦しみに身を沈めている方はそれ以上いるに違いない。

　町が復興しても、彼らに復興は訪れない。いや、誰も彼らを復興させることなどできないだろう。私たちにできるのは、自ら悲しみを癒せるように彼らに寄り添い、彼らの悲しみを受け止め、静かに聞いてあげることでしかない。この瞬間も彼らと死者との物語は創られている。それは、いつ終わるとも知れない果てのない物語だ。新たな一ページが加わるたびに僕の心は震える。

　僕は今、ちょっと立ち止まってこの小文を書いているが、ひと月もすれば、彼らの言霊に引き寄せられるように、また東北の被災地に戻ることだろう。そしてまた、この旅の続きが始まる――。

夏の旅

6　霊になっても『抱いてほしかった』

阿部秀子さんの体験

初夏のある日、僕は岩手県の一ノ関で二両連結の大船渡線に乗り、気仙沼に向かっていた。八月にはいると、被災地はお盆の準備で忙しくなるからだ。列車は山深い青葉の下を縫うように走る。前回の旅が終わると、僕はいったん東京に戻ったが、あのとき予感したように、ふたたび彼らの言霊に引き寄せられるかのように、被災地へと向かっている。

やがて列車は、僕のベースキャンプである気仙沼に到着する。僕が気仙沼をベースキャンプと呼ぶのには理由がある。かつて僕は、沖縄の戦後史を書き上げるのに沖縄南部にある糸満《いとまん》市によく通った。漁師町だから気性は荒っぽいが、開放的で親切で、気負わずに過ごせる糸満は、僕が大好きな町だ。同じ漁師町である気仙沼は、気性というか、荒っぽさも含めて糸満によく似ているのだ。

気仙沼が大きく発展したのは、江戸時代初期に、カツオを追って気仙沼に立ち寄った紀州の漁師から、カツオの一本釣り漁法を教えてもらってからだという。気仙沼生まれの東北大学災害科学国際研究所の川島秀一《かわしましゅういち》教授によれば、一七四六年に気仙沼の町だけで三千七百人住んでいたというから、当時としてはかなりの発展ぶりである。この賑《にぎ》わいは昭和期に入ってもつづいたようで、川島さんは今も華やかだった頃の記憶が残っているという。

「船が入ったときなんかすごかったですよ。うちの本家は花街の太田にあってよく知っているんですが、台風なんかで避難してくるといっぺんに賑やかになるんです。人があふれてすれ違うのが大変なくらいです。漁師さんらが腹巻に万札を突っ込んで歩いていたという話も聞きました。船が出港するとき、飲み屋のママさんらが紙テープで見送るのですが、たくさん獲《と》れた船がテープの数も多いんです。懐《ふところ》が温かいから飲み屋への貢献度も大きいんですね。典型的な漁師町でした」

こうした環境が、糸満に似た気質を作ったのだろう。たとえば訪ねた先で話を聞き終えたら謝辞を言って帰るのが普通だが、糸満では「終わったんだったらめし食って行け」とか「酒飲んで行け」、ときには「泊まって行け」と言われることがあった。気仙沼もそうで、この旅で、僕は電気工事会社を経営している熊谷光良さん宅に、食事はもちろんのこと、よく泊めてもらった。とくに二〇一四年までは復興工事に携《たずさ》わる企業がホテルを借り切っていたために部屋をとることも難儀《なんぎ》だったから、熊谷さん宅が定宿《じょうやど》のようになってい

た。

　この日も僕は熊谷さん宅で荷を解くと、翌朝レンタカーを借りて阿部秀子さん（69）の自宅に向かった。津波で流されたのはご主人の義雄さん（享年72歳）である。

　レンタカーにはナビがついているから、住所を入れればそこに連れて行ってくれるのだが、被災した人たちの自宅の多くは新しく作られた住所で、ナビにないことが多い。阿部さんの自宅もそうだった。何軒かにたずねたが結局わからず、最後は阿部さんに迎えに来てもらうはめになった。

　阿部さんの自宅はよく手入れされていた。園芸が好きなのか、玄関前の庭にはバラやユリなど数えきれないほど鉢植えの花木が並んでいて、甘い香りが訪問者の体にまといつく。

「あの地震の六、七年前にスマトラ島で津波（二〇〇四年十二月二十六日）があったでしょ？　看護師をしていた娘があれをテレビで見て、うちの家は海のすぐそばだから、津波が来たら絶対に助からない。高台に古家を見つけたからと、この家をすすめたんです。震災まではときどき来るだけで別荘みたいなもんでしたが、こんなに早く津波が来るとはね……。逃げる場所があってほんとによかった。ここがなかったら私らも逃げられなかったし、今頃はあの世の人ですよ。娘たちの家はオール電化だから食事も作れず、震災から四十日ぐらいここで寝泊まりしていました。それにしても、うちの娘は先見《せんけん》の明《めい》があってすごいよ」

自慢の娘らしく、鮮やかなブルーのTシャツにジーパン姿の秀子さんは、身振りをそえながらわが娘を誉《ほ》める。

建物は緩斜面の上に建っているから、居間は日当たりが良く、まばゆいほど視界が開けていた。畑仕事もしているのか、居間の窓の外に小さな畝《うね》がいくつもあり、シソ、ダイコン、ニンジン、ジャガイモ、ネギなどが植えられている。おそらく自家用なのだろう。

震災当時、秀子さんは気仙沼の潮見町という地区の、岸壁からすぐそばのところでクリーニング店を切り盛りしていたという。ホテルのクリーニングも請《う》け負っていて、仕事はかなり忙しかったようだ。

「あのときお父さんは、どういう風に亡くなったのかわからないの。車の中で見つかったから……。ただ、お父さんは自治会長をしていたから、地区の住民を早く避難させなきゃって、みんなを公民館に誘導していたんだと思う。私らに『いいから、早く逃げろ。みんなを確認してあとで追いかけるから』と言うもんだから、義姉の運転でここへ逃げたんです。だけど、車が大渋滞して前に進まず、ここに来るまでが大変でした。津波は見てないんだけど、気仙沼の町が焼ける火で空が真っ赤に染まり、余震も続けざまに起こるわ、ほんとに地獄でしたね。娘が病院から夜中に帰ってきて『町は全滅した』と聞いたときは茫然としました。

夜が明けるのを待って町まで歩いて行きましたが、異臭、火事、瓦礫……そのとき見た光景に涙があふれてきて止まりませんでした。町に入ろうとすると、『おまえも死ぬぞ！』って誰かが大声で叫ぶんです。お父さんは世話好きな人だから、公民館でみんなの世話をしてるんだろうと、あのときは信じて疑わなかった……。それなのに連絡がとれない。だんだん不安になってきて、次の日から毎日歩いて瓦礫の中を探しました」

「ええっ、ここからですか？」

ガソリンが買えなかったからとはいえ、この家から市街地まで軽く五キロはある。それもアップダウンが激しいから、男の足でも一時間半はかかるだろう。

「無我夢中だったからね。足は血豆で歩けないほど痛かったけど、それでも歩いたわ。まさか亡くなっているとは思わなかったからね……。毎日のように泣いていたけど、だんだん泣かなくなったわ。諦めたんだろうね。あの人は気仙沼のゲートボールの会長をしていたから、遺体安置所がゲートボール場に移ったと聞いたとき、なぜか、もうすぐ見つかると確信したんです。震災から四十日目で見つかったのかな。家から少し離れたところで、車に乗ったまま亡くなっていたの。積んでいた荷物は全部流されていたのに、抱えたカバンの中に、通帳から免許証まででみんな入っていたからわかったのね。お父さんは仕事にはあんまり熱を入れなかったけど、真面目で人の世話が大好きだったから、逃げ遅れたんだろうね」

秀子さんが不思議な体験をしたのは夫の遺体が見つかる前日だった。

「今日は駄目だったけども、明日はきっと見つけてやっからね、と思って二階に上がったときでした。なんだか気になったから、ひょいと下を見たら、ニコッと笑った顔がひょいひょいと二回あらわれたのが見えたんです。それも鉛筆で描いたような顔でね。そこは支えるものがないから、人が立てるようなところじゃないの。でも、すぐお父さんだとわかったわ。どうしてわかったのかって？　私のお父さんだから、雰囲気でわかるわ。だから『あっ、来たのね』って声に出したの。義姉も一緒に住んでいたので、念のために『義姉《ねえ》さん、お父さんの顔見た？』って訊いたけど、もちろん知らないって言ったわ。

二回目は夕方でした。洗濯物を取り入れていたんだけど、ふと見たら白いドアの前に黒い人型の影がぼわっと立っているんです。ゆらゆら動く影を見て、ものすごい鳥肌が立ちました。『お父さん、そばまで来てるんだね。それとも誰かに見つけてもらったかな』って声をかけました」

次の朝、秀子さんが、今日こそ見つけてやろうと思って玄関のドアを開けたら、突然電話が鳴った。義雄さんらしき遺体が見つかったから確認してほしいという警察からの連絡だった。

「思いが伝わったんだと思ってクラクラしたわ」と昔を懐かしむように言ったが、実際はその電話を受けた瞬間、秀子さんは「見つかってほしい気持ちがごちゃ混ぜになって」その場に泣き崩れた。そして、覚悟を決めると、庭に咲いていた水仙を持って遺体安置所に向かったという。

「見つかったときはどんな服でしたか？」と僕はたずねた。

「遺体安置所でも訊かれたけど、太い毛糸と真綿《まわた》で編んだざっくりとしたセーターでね。着るとダルマみたいになるの。あれ、高かったんだよ、あははは」

何が可笑《おか》しいのか、秀子さんはカラカラと笑った。あまりにも開けっぴろげで、こちらもつい引きずられて笑う。この旅で笑いながら話を聞いたのは初めてだった。

「遺体と対面したときは、もう何が何だかわからなかった。でも、しっかりしなきゃって、気だけは張っていました。

前日に、笑顔であらわれたのは、あの時間帯に見つけてもらったんじゃないかな。そして夕方、玄関までたどりついて、お父さんもほっとしたんだと思うんです。お父さん、家にたどりつけてよかったね、よかった……」

先ほど笑っていた秀子さんの目は、いまにもこぼれ落ちそうなほど涙でいっぱいだった。秀子さんはよく笑ったが、それも、気がつけば堰《せき》を切ったようにあふれる涙を見せたくないゆえの笑いだったのかもしれない。

「七十二歳まで生きてくれたけど、突然ぽっといなくなると気が狂いそうでね。今日は泣かないで話をしようと思ったんだけど、やっぱり駄目だわ」

遺体が見つかってから十日ほど後のことだった。

「娘たちと一緒に寝ているときでした。ここは夜にもなるとしんとして、虫の音ぐらいしか聞こえません。私の布団の中に、ネズミか子猫ぐらいの生き物がクルクル動きながら入ってきたんです。脇のあたりから入ってきたのがわかったんですよ。『お父さん、来てくれたんだね』と思ったんだけど、ちょっとびっくりしたのと、なんだか気持ちが悪くって……。というより隣に娘が寝ていたから、つい言っちゃったんです。

『子猫が入ってきたみたい。なんだろ。お父さんが来たのかな』

『なにバカなこと言ってるのよ』

　その一言でピタッと消えたんです。ほんとに不思議なの。あのときじっと我慢すればよかったんだろうね。失敗しちゃったわ。何も言わないで、どうするかじっと様子を見ていればよかったのにとあとで思ったけど、つい言っちゃったのね。あれ、黙っていたらどうなったんだろう。初体験になるかね。あはは……、ちょっと卑猥《ひわい》かな」

「怖くなかったんですか？」、僕は訊く。

「びっくりしたけど、怖くはなかったよ。だって、お父さんだからね。あの頃はね、毎日毎日泣いていました。義姉さんにもつらく当たってね、申し訳なかったよ。気持ちが落ち着かないし、動揺してたから仕方がないよね。そのたびに娘が来てなだめてくれたんです。お父さんもそんな私を見て、慰めるつもりであらわれたんだろうね」

「どうしてご主人だとわかったんですか？」

「そんなこと言われても……、私にはあの人しかいなかったからね。温もりが欲しかったのかね。ほんとはね、遺体で見つかったとき、最後に抱いてあげたかったけど、ビニール袋に入れられて、それもできないまま野辺に送ったからね。かわいそうだったよ。遺体にガウンをかけてあげて、ラブレターもいっぱい書いてあげたけども、やっぱりもう一度抱いて欲しかったたんだろうね。悪いことしたわ」

「ラブレターには何て書いたのですか？」とたずねると、秀子さんは「そんなことまで訊くの？」と言いながら、「コピーしてないから忘れたけど、お父さんのことといっぱい誉めてあげたよ」とうれしそうに言った。

「少しでも内容を覚えていませんか？」

「そこまで言う？」

「ええ、愛していたとか」

「へへっ、まあ、そんなもんだね。便箋《びんせん》の上には『愛するあなたへ』とか書いたからね。あら、あら、のろけちゃってごめんね」

「ラブレターは一通だけですか？」

「一通だけだけど、便箋で五枚くらい書いたんじゃないかな」

「結婚する前もラブレターはよく書いたんですか？」

「書きましたよ。今でも大切に……。私たちは二人でデートしたことがないの。あの時代だから、親の目がうるさくて、誰かと一緒でないと二人だけで会うことなんてできなかったのよ。だから、ラブレターは私たちにとってデートがわりだったの」

僕はご主人の写真を見せてほしいと言った。何枚か見せてくれたのだが、その中には二人だけで写った写真は一枚もなかった。「津波で流されたんですか？」とたずねると、秀子さんは

「それがねえ」と可笑しさをこらえながら言う。「娘の結婚式のときに一緒に撮りたかったのに、お父さんは照れくさがって逃げるのよ。だからないの。おかしな夫婦だよね」、そしてまたカラカラと笑った。

　距離はあるが、かろうじて夫婦がツーショットでカラオケを歌っている写真がある。今はその写真を枕元に置いて寝ているという。

阿部秀子さん夫妻、たった１枚だけのツーショット

　結婚する前、秀子さんは気仙沼の鹿折《ししおり》というところに住んでいて、母は生徒をとって和裁洋裁を教えていた。

「うちに来ていた生徒でダンスが好きな人がいたの。ダンスといっても社交ダンスじゃなくてフォークダンスよ。その人に誘われて公民館に行ったら、お父さんが教えていたわけよ。あのとき、みんなが見ている前で、その生徒とお父さんがワルツを踊ったのね。その踊る仕草がまた綺麗でねえ。素晴らしかったのよ。それに魅《み》せられちゃったのね。それからお父さんとは先生と生徒の仲になり、グループでお付き合いが始まったわけ。

いつも母親がそばにいるからデートすることもできないのよ。初めてのデートというとき、母親から『どこさ行く』と訊かれたので『テレビ塔』と言うと、『おらも行ったことがねえから連れていけ』だからね。だから、二人で歩いたのは一度もないのよ。

結婚するとなると、父は大反対だったね。無理もないよ。だって、向こうはきょうだいが九人だよ。お父さんの家はクリーニング屋で、職人さんも二人働いていたから、その人たちの面倒も見ないといけない。そこに嫁ぐというのは大変だったのよ。父は苦労するからやめろと言ったけど、私は、『絶対にやり抜く。大丈夫、お年寄りとも話が合うからうまくやっていける』なんて啖呵《たんか》を切って結婚したの。実際、私は仕事を休んだことがなかったし、正月やお盆は休みだけど、お父さんのきょうだいが来るからもっと忙しくなるの。だから結婚してから、私は実家に戻っても泊まったことがなかったわね」

「大家族で住んでいたんだから、家は広かったんでしょうね」と僕は言った。

「いえいえ、三十坪ほどの小さな家ですよ。一階が全部お店だから、みんな二階に寝ていたんです。部屋が四つだから、一部屋に何人か〝川の字〟になって寝るの」

昔の典型的な庶民《しょみん》の家だった。夫、娘、義父、義母、義姉、義妹……、それはそれは賑やかな家だったという。ここで秀子さんは、朝四時から、遅いときは深夜まで働いた。もちろんクリーニングした衣類を届けるのも秀子さんの仕事だった。

僕は話題を変え、「ご主人との心残りはありますか?」とたずねた。秀子さんは即座に「それはありますよ」と目を細める。

「働くことばかり考えないで、もっと二人の思い出旅行とかしたかったなあ。あぶくま洞に行こうって誘われたこともあったのに、あの頃はお金を貯めて早く家を建てたい一心だったから『やめよう』って断っちゃったけど、行けばよかったと後悔しています。

お父さんはね、本当は学校の先生になりたかったんですって。それを、後継者がいなかったもんだから、自分が継いだんです。その反動だったのかな。交通指導員をやる、スポーツ関係の役員をやる、宮城県のゲートボール連盟の副会長までやったし、祭りがあると交差点の真ん中で笛を吹いて交通整理もしていました。お父さんは幸せ者ですよ。自分の好きなことをやってこれたんだから。そのかわり、祭りなんかで家族そろって歩いたことがないの。手をつないで歩いている家族を見ると、ほんとにうらやましかったねえ。

私といえば、商売が好きで、寝る時間もないほど忙しくても平気でした。だから、お父さんと旅行したこともなかったわ。新婚旅行で福島へ行ったのを除けば、二人で旅行したのは鳴子《なるこ》温泉に一泊しただけ。それ以外に、私は気仙沼から出たことがないんです。商売やってると、出るに出られないのよ。きっとお父さんは、どこにも連れて行ってやれなかったと思って、あの日、布団の中に入ってきたんだと思うの」

「それで秀子さんが文句を言わなかったのだからすごいですね」

「自分は嫁《よめ》なんだ、嫁なんだと思いつづけて頑張ってきたんです。だから、苦労したとは思ってないの。あの時代だったから許せたのよ。今だったらすぐ別れるわ。でも、楽しかったよ。私は仕事が大好きだったからね。それに二人の娘たちがいたから」

「それでもお父さんが好きだった？」

「それはそうよ。お父さんは、私にないものをいっぱい持っていたからね」

「どんな？」

「たとえば、人前で堂々と話をするとか、自分が指図して人を動かすとか……。それにお父さんとの間に、あんないい娘たちがいたから何でもできたの。娘たちは最高の財産ですよ」

秀子さんはひと呼吸おいてこう言った。

「まあ、あの世に逝ったらお父さんとゆっくり休ませてもらいます。そしてね、二人で手をつないで、お空をふわふわ歩くの」


震災の前年、ご主人の義雄さんは心臓のバイパス手術をする予定だった。入院してその説明を受けているときに秀子さんの母が亡くなった。一時退院したが、それっきりバイパス手術はうやむやになってしまった。秀子さんは「きっと生きていたら苦しい思いをしたんだろうな。そんな思いをしなくてあっちに逝っちゃったから、かえって良かったのかも」と、最近は思えるようになったという。

秀子さんの不思議な体験は、義雄さんの遺体が発見される前後だけだが、その後は夢にばかりあらわれるという。「陰膳《かげぜん》をやるようになってから夢に出てきたんです。本当に魂ってあるんだと思いました」と秀子さんは微笑む。ただし、夢に登場する義雄さんは、なぜか子供たちがまだ小中学生だった三十代から四十代の元気いっぱいだった頃で、それもなんの変哲もない日常的なシーンばかりなのである。

「旅行もせずに、家の中で働くことばっかりだったから、家族で夕ご飯を食べるとか、そんな日常的なことしか出てこないのね。子供がまだ小学生か中学生だった頃のことがしょっちゅう夢に出てきます。それ以外は出てこないのだから不思議だね。残念ながら、二人だけのルンルンの夢はないいんだけど、小学生の子供たちと一緒にちゃぶ台を囲んでワイワイ騒いでいる夢だったり、うちの周りで遊んでいる夢もあったわね。どの夢も、あの当時の幸せだったなにげないワンシーンなの。あの頃のお父さんはいつも家にいなかったけど、こうもしたい、ああもしたいって一番充実していて楽しかったんだと思う。夢に出てくるのは元気なお父さんだから、夢を見た日はうれしいねえ。いいことばっかり出てくるんだから、私は幸せだよ。きっと私を悲しませないようにって、楽しかった夢を見せてくれているんだね。お父さん、ありがとう」

義雄さんは自治会長などさまざまな役職を務めたが、今は秀子さんがそのあとを引き継ぐように地元の世話役をしている。そのせいか、ひっきりなしに電話がかかってきた。地区の会合があったのに、僕のために欠席したのだが、やはり秀子さんがいないと困るという催促《さいそく》の電話のようだった。秀子さんは「すみませんねえ」と僕に何度も頭を下げて出かける準備を始めた。

外は夏の日差しが降り注いでいた。

靴を履《は》こうとすると、玄関の上がり框《がまち》にネギが置かれている。裏の畑でとれたのだろう。

「いいネギですね」と僕が言うと、秀子さんから反射的に返ってきた。

「太《ふ》っといシモネタネギ」

「下仁田《しもにた》でしょ」

「アハハハ」

秀子さんは僕を最後まで笑わせてくれた。

秀子さんの人生は、僕たちには想像もつかないが、それでも、「つらかった」とは一度も言わなかった。涙がこぼれそうになっても、秀子さんはカラカラと笑い飛ばした。そしてときどき下ネタで笑わせてくれる。聞いているだけで、秀子さんの幸せそうな情景が浮かんでくる。きっと、秀子さんにとって義雄さんは、最愛の人だったのだろう。

7　枕元に立った夫からの言葉

赤坂佳代子さんの体験

もう一人、気仙沼では会っておきたい方がいた。数日前のことである。僕の知人を介して、その方から突然電話が入ったのだ。赤坂佳代子さん（71）という。「どうしても聞いてほしいことがある」と言った。津波で逝ったご主人の巌さん（享年67歳）との〝邂逅〟だという。電話で滔々《とうとう》と説明を始めたので、「気仙沼はよく行く町だから、そのうち必ず立ち寄ります」と約束して電話を切ったが、それからひと月も経たないうちに僕は気仙沼に向かうことになったのだ。

地図を見ると赤坂さんの家は気仙沼市内の中心部にある。市内を流れる大川のそばだが、川沿いの道路から北側は急な斜面になっていて、自宅はその中腹にあった。気仙沼でもこのあたりは津波の被害がなく、道路も昔のままである。震災前は鄙びた土地だったが、人や物が輻輳《ふくそう》するようになってすっかり変わってしまった。自宅はすぐ見つかった。僕がお世話になっている熊谷さんの会社もこの近くにあるはずだ。

佳代子さんには、いかにも漁師町で育った女性という雰囲気があった。気の強そうなところや、形容詞が少なく、短い言葉で伝えようとするところもそうだ。ご主人に言われるまま従ってきたというより、喧嘩しながら二人三脚で一家を支えてきたのだろうと、僕は勝手な想像をめぐらした。

高台の風がよく通る居間で、佳代子さんは震災を報じた当時の新聞記事を取り出して見せてくれた。そして、「ここに『骨折した人が来たので、段ボールを切ってガムテープで応急処置をしました』と書かれていますが、これは私のことなんですよ」と言った。

「うちは魚市場のちょっと奥の方で水産加工工場をやっていたんです。息子もそこで働いていたし、私も会社で給与計算などをしていました。従業員は二十名ほどいましたが、息子が避難先になっていた合同庁舎へみんな連れて逃げたので助かったんです。それなのに、お父さんだけが逃げないで、会社と一緒に流されてしまったんですよ……」

そこまで言うと、佳代子さんは次の言葉まで少し間を置いた。

「あのとき、私もお父さんから『逃げろ！』と言われて逃げたんだけど、書類を忘れたと思って会社に戻ったのよ。お父さんに『バカ、何で戻ってきたんだ』と怒鳴《どな》られたんだけど、津波のことなんて頭に全然なかったものだから、のんびり書類を持ち出して車に乗ったんです。ところが自宅に戻る途中で、私は車ごと津波に呑まれてしまってね。工場は海と川に囲まれたところだったから、津波が到着するのも早かったんだね。

渋滞で車が動かなくなったとき、何だろうと思ってうしろを振り返ったら、水がさわさわと流れてくるんです。その程度だから、逃げられると思ったんだね。シートベルトを外して書類を抱え、右のドアを開けて足を出した途端に水が一気に来てバタンと閉まったんです。痛い！と思ったのですが、挟まった足をなんとか自分で車の中に入れたところまでは覚えています。そのとき家が壊れるようなミリミリという音が聞こえた気がするのですが、その直後に濁流に呑まれてしまって……。はっきりした記憶はないんですけど、三十メートルから四十メートルほど流されたところで、うまい具合に家と家の間にあった駐車場に流され、さらに突き当たりが崖《がけ》だったから、車はそこで止まったようだね。シートベルトを外していたから車の外に放り出されたのでしょう。そこは水の流れも収まっていたので、首が海面に突き出たようなのです」

「車は沈んだのですか？」

「う〜ん、わかんない。横倒しになったり、いろんな瓦礫にぶつかったり、私も何につかまっていたのかもわからないんです。水の中で、洗濯機みたいにグルグル回ったのは覚えています。水が来て、車のドアがバタンと閉まってから、何がどうなったか、その後のことはよく覚えていないんです。

　這《ほ》う這《ほ》うの体《てい》で水面から首を出すと、目の前が崖でした。人の姿を見たので『助けて、助けて』と叫ぶと、上の方から『ちょっと待ってろ』という声が聞こえたんです。何分間か水の中にいましたが、『崖の下まで来れないか？』と叫んでいるのが聞こえたので、私はそのへんにあった車や瓦礫をつかみながら、なんとか崖のそばに近づきました。そこでやっと引き上げられたんです。

　雪が降る中を、男の人におぶさって市民会館に運ばれたのですが、足が痛いと思ったら骨折していました。避難所にいた整形外科の先生に応急処置をしてもらったのがこの記事なんです。気仙沼の病院では治療できないというので、そこから三日目にヘリで仙台の病院に運ばれました」

「よく助かりましたね」

「運、運ですよ。あの寒さは、健康でないと耐えられないですよ。雪が降っていたし、引き上げてもらった後も、寒さで震えていました。市民会館に連れて行かれて服も下着もハサミで切られたので、寒くて寒くて毛布にくるまっていたの。車がうまい具合に家の間に入ったのも、あの寒さで生き延びられたのも、みんな奇跡のようなものです」

凄まじい体験を淡々と語る佳代子さんは、糸満のアンマー（お母さん）に似ていた。

「それで、ご主人はどうなったんですか？」と僕は気になっていたことをたずねた。

「私は仙台の病院で四十日以上も入院したのでお父さんがどうなったかわからなかったんだけど、子供たちが死に物狂いで探したようです。震災から四十日ほど経った頃でしたが、川のそばで見つかったんです。

お父さんを見た人に聞くと、たぶん工場の屋根だと思うのですが、屋根の上に乗ったまま流されていったそうです。お父さんは右手が動かないから、しがみつくので精一杯だったんでしょうね。さいわい、発見されたとき、お父さんの体には何の傷もなく、服も着ていて長靴も履いていました。ポケットの中に免許証が入っていてわかったんです」

「亡くなったのは、ご主人だけですか？」

「いいえ、それがお父さんの母親も亡くなったんですよ。介護老人保健施設に入っていたんだけど、そこは川の前にあったもんだから、ずいぶん多くの人が津波に流されてね。お義母《かあ》さんはせっかく助かって避難所に運ばれたのに、低体温症で亡くなったんです。その施設では五十数人が亡くなったそうです。お義母さんは戦争未亡人で、お父さんは一人っ子で育てられたんです。だから、お義母さんは一人で逝くのが寂しくて連れて行ったのかもね。それとも、お父さんの方が先に流されたから、お父さんがお義母さんを連れて行ったのかな。親分肌なのに、ああ見えて意外に寂しがり屋でしたから……」

佳代子さんが不思議な体験をしたのは、震災から二年ほど経った寒い日だったという。佳代子さんの寝ている部屋は、廊下の突き当たりにある。震災前は二階で寝ていたが、ご主人の巌さんが亡くなってから日当たりの良い一階に移った。不思議な体験があったのもその部屋だったという。

「お父さんは大船渡の出で、あの日はよく行く大船渡のお寺でお祓《はら》いをしてもらって帰ったんだけど、寒くてストーブを焚《た》いた記憶があるからお盆ではないね。あれは夢だったのか、それともお父さんの霊だったのか、いまだによくわからないんだね。私が布団に入っていたから、夜だったことは間違いないけど……、ああ、時計は一時だったね。目が醒めると、白い衣装を頭からかぶったようなお父さんがふわっとやってきて、

『心配したから来たんだぁ』

と私に言ったんです。顔は暗くてよくわからなかったのですが、恰好はお父さんだし、声も

間違いなくお父さんなんです。それだけ言うと、誰だかわからない、同じ衣装を着た別の人が、お父さんを抱きかかえるようにしてドアからすーっと消えていきました。お父さんといえば、ふわふわと風船のように浮かんでいて、まるで風に流されるように離れていくんだね。あれは突然やってきて、突然いなくなった感じでした。お父さんはよく夢には出てきたけど、あれは夢とはちょっと違ったね。

声をかけなかったかって？　ビックリして声をかける暇もなかったけど、金縛《かなしば》りにあって、声が出なかったんですよ」

「それは一度っきりですか？」

「それから一週間ぐらい後かね。あの日は窓に近いところに布団を敷いていたんだけども、私が寝ていたら、突然枕元にお父さんが立っていたんです。このときは一人でした。また金縛りにあって動けなかったから、何を着ていたかわからないし、何もしゃべらなかったんだけど、なぜかお父さんだということはすぐわかったのよ。

息子にこんなことを言うと、『毎日家に閉じこもっているからだ』と言われるんだけど、やっぱり突然逝ってしまったからね。お父さんもまだ未練《みれん》があるのかね……」

「佳代子さんの方に未練があるんじゃないですか？」と僕が言うと、佳代子さんはニヤッと笑った。

「お父さんは口が悪かったけど、やさしかったねえ。とくに女にはやさしいんだよ」と言ってはまた笑った。

「結婚した頃は今と違い、北洋船もあって景気がよかったんです。お父さんも船に乗っていたんだけど、手を怪我してすぐ船を降りたんだね。その後はいろんな仕事をしました。水商売をやったり、お弁当屋さんが流行《はや》るとお弁当屋さんをやったり、〝船の仕込み屋〟さんもしました。船は船で航海中に使う道具や雑貨、食料などの仕込みをするのですが、それ以外に『個人仕込み』といって、個人で使うカッパや靴下や食物などを売る商売があったんです。気仙沼にはまだ船がいっぱいあったからできたんだね。

そのうち船も少なくなってきたので、五十歳を過ぎてから水産加工を始めたんです。気仙沼には『かわむら』という大きな水産加工工場がありますが、そこの社長さんとうちのお父さんが友達だった関係で、『かわむら』さんの下請けをさせてもらったんだね。セブン－イレブンのおにぎりに入れる鮭なんかを納めていました。お父さんは、口が悪くて学がない人だったけど、頭の回転が速いし、人が集まる雰囲気があったんだと思う。いつもわが家には誰かが来ていましたよ。外に出れば遅くまで飲んでくるけど、どっちかというとうちに呼ぶ方が多かったわね。『今日もまた呼ぶの?』と言うと、『いいよ、おれ、支度《したく》すっから』って、会社の魚を持ってきて自分で捌《さば》くんです。

頑固《がんこ》だったけど、一人っ子できょうだいがいなくて、お母さんが戦争未亡人だから寂しいんですよ。口が悪いから、最初はみなおっかないと言うんだけど、付き合うと面倒見がいいから人がついてくるんですね」

「操業中の漁業無線」という、地元の新聞に載った二段ほどの記事がある。気仙沼の港に出入りしている船の漁業無線の周波数がすべてここに網羅されているそうだが、佳代子さんによると、二十年以上前は新聞の紙面いっぱいを埋めたというから、港の賑わいは今の比ではなかったのだろう。

夢か現実かよくわからない体験は先に述べた二度だけだったが、その後はよく夢にあらわれるようになったという。「はっきり夢とわかるものもあるんですか?」と僕はたずねた。

「そうそう。二ヵ月ほど前にも夢に出てきましたよ。ふらっとあらわれたので、『あれ、お父さん、今までどこに行ってたの?』って私が訊いたのよ。そしたらお父さんが『うん? 商売に失敗したから……』って。あれは商売に失敗したから姿を隠してたという意味ですかね。なんの商売なんだろね。

うちのお父さんは、車の運転はできたんだけど、右手を怪我して神経を切ったから、そっちの手は動かなかったんです。ところが夢では動いているんです。『あれ、手は?』と言うと、お父さんは、『ああ、手は治った』と言うんです。あの世に逝くと、怪我した手も治るんだね。若かりし頃に戻るんだかなんだかねえ……。

こんな夢もあったわね。昔は一斗缶を切って、その上に釜《かま》なんかを置いてご飯を炊《た》いたもんだけど、夢の中でお父さんが『ご飯、できたぞ～』って叫んでるんです。それだけ言うと、すーっとどこかへ消えたようで、外の庭を見ると一斗缶が二つ並んでいて、一つはグリンピースのご飯で、もう一つの鍋の中でおかずが煮えていました。でもお父さんはいないの。あまりにもおいしそうなので、夢から醒めたらグリンピースを買ってきてご飯を炊きましたけど、なんだかお父さんと差し向かいで食べているような気がしてねえ」

夢は、佳代子さんの過去と現在をつなぐトンネルなのだろう。そのトンネルを行き来しながら、ときどき巌さんがやってくる。

赤坂佳代子さんと夫の巌さん（右端）

ただ、そのトンネルもだんだん曖昧《あいまい》になっているという。息子たちが跡を継いで巌さんの心配の種がなくなり、佳代子さんも肚《はら》を据《す》えて今の生活に納得し始めたせいかもしれない。

震災から五年後にようやく水産加工工場を再建した。ところが復興を待てない人たちが気仙沼を離れたため人手がなく、佳代子さんも週三回、工場で働いているという。

「一人の生活に慣れてくると、だんだん夢にも出なくなるから寂しいねえ。だけど、工場も再建できたし、息子もちゃんとお父さんの跡を継いでくれたし、お父さんも安心していると思うよ。でも、やっぱり忘れられないわ。うちのお父さんは早起きだったから、朝早く工場に行って従業員の仕事の支度をしたあと、朝ご飯を食べに戻ってくるんです。冬になると『寒い、寒い』って小さくなりながら玄関を開けるんだねえ。だから、今でも朝、ドアの音がすると『あら、お父さん、来たのかな』って思ってしまうの。そんなときは、やっぱりお父さんのこと想い出すよ。どんな気持ちで流されていったのかねって……」

8 携帯電話に出た伯父の霊

吉田加代さんの体験

僕は気仙沼から陸前高田市へと向かった。国道四十五号線を広田湾に沿って北に走れば三十分ほどで市内に入る。この町は来るたびに変貌《へんぼう》を遂《と》げていた。

陸前高田市は、中央部を気仙川という二級河川が流れていて広田湾に注いでいる。南から車で市の中心部に向かうには、湾に沿って右手に折れて気仙川を渡るのだが、最初に驚いたのは、以前は川を越えても右手に見えていたはずの海岸が、いきなり巨大な堤防で見えなくなったことだ。その次は、巨大なベルトコンベアが回廊のように空中を走っていた。津波が浸水した土地をかさ上げする土砂を運ぶためである。そしてこの日、そのベルトコンベアがいつの間にか消えていたのである。かさ上げの完成が近づいたのだ。いずれこの町の地面は、五階建てのビルの屋上ぐらいの高さになるだろう。僕は、土盛りをされた間の道路を、まるで鍋底を這うように走った。

前回の旅で、不思議な体験には携帯電話にまつわる話が多いという例に、津波で亡くなった兄の死亡届を出した日に、兄から「ありがとう」というメールが届いた話を紹介した。震災後の強い余震で家の中がめちゃくちゃになり、暗闇の中で途方に暮れていたら、津波で逝った夫の携帯が突然煌々と光ったという話もある。いずれも陸前高田市での出来事だ。僕がこれから会おうとしている吉田加代さん（60）も、やはり携帯で不思議な体験をしている。

こういう不思議な体験は、他人の耳があるところでは話しづらく、かといって津波で町が根こそぎ流された陸前高田市で、プライバシーを守れるような場所は容易に見つからない。そこで僕は、県立高田病院の前院長である石木幹人《いしきみきひと》さんにお願いして、お住まいの仮設住宅の集会所を借りることにした。加代さんは、石木さんの患者でもあったので快《こころよ》く承知してくれた。

今の陸前高田では、道路がよく変わるのでレンタカーのナビはアテにならない。ようやく仮設住宅にたどり着いたときは、すでに約束の時間をすぎ、加代さんは集会所のちゃぶ台の前で座って待っていてくれた。

「こんな話はね、最初の一、二年はどうしてもしゃべれなかったのよ」

加代さんは、体験したことを正直に語っていいものかどうか、今も躊躇《ちゅうちょ》しているかのようだ。あるいは、僕が語っていい相手かどうか、値踏《ねぶ》みしているのかもしれない。

「私の周りでも、三年過ぎて、四年目に入った頃から、やっとしゃべれた人もいます。しゃべっても『作り話でしょ』なんて言われるのが悔しいから誰にもしゃべらなかったんです。きっと経験しない人にはわからないと思いますよ。私だって、こんな体験がなければ、そんなことあるわけないでしょうと思いますからね。だから、ずっと胸に納めていたんだけど、なんだかモヤモヤしてね。しゃべると気が晴れると思ってあなたに電話したんですよ。作り話だなんて言わないでよ」

この一週間ほど前、僕が被災地で不思議な体験をした人から話を聞いていることを、地元の「東海新報」の記者に話をしたことがあった。その記事を読んだ加代さんは、新聞社経由で私に電話してきたのだ。加代さん、もちろん作り話だなんて思いませんよ。加代さんの語り口から絶対に他人を貶《おとし》めるような人でないことがわかりますから。

「地震があった前年の十月なんだけど、怖い夢を見たんです。あれは、朝方で、私がマイクロバスに乗ってるの。バスは走っているんだけど、周りを見たら全部死人のようなの。裸ではなかったんだけど、なんだか死体のように白っぽく見えたわ。怖いんだけど、何も言えないの。

知っている人かって？　そんなんじゃないの。アウシュビッツの写真を見ると死体がゴロゴロ写っているでしょ。そんな感じなの。そのうちバスは山の中に入って、止まったところに沢水が流れていて、そこにも男女の遺体がたくさんありました。よく知ってる場所なので、なんでこんなところに、と思ったところで夢から醒めたんです。

うちはじいちゃんが管理していた山があって、秋になると松茸《まつたけ》を採りに行くんだけど、震災の前の年はいつもの三倍以上も採れたんです。あんなに採れたのは、この二十年間で初めてでした。大きな災害の前って魚が湧いたようにあらわれることがあるけど、山もそうなんですかね。夢に出てきた場所というのが、松茸が採れるところだから、気味悪くて旦那に相談したの。そしたら、『連日、松茸を採りに行ったから、疲れてんじゃないのか』って言うんです。そのときはそうかもしれないと思って忘れようとしたんだけど、震災があって少し落ち着いた頃、あの夢は正夢《まさゆめ》ではないとしても、震災を予告してたんじゃないかと思って……。この夢の話も家族以外にはしてないの。あの無数の死者の数、ほんとに怖かったんですから。

あらあら、今日はこの話じゃないんですよ。ちょっと脱線したわね」

加代さんはペットボトルのお茶を一口飲んだ。誰かがドアを開けて様子を見に来たが、加代さんの顔見知りらしく、一言二言、言葉を交わすと去って行った。

「私は気仙町に住んでいたんです。気仙川を渡って『奇跡の一本松』を過ぎたらガソリンスタンドがあるでしょ。私の家はそのあたりだったの」

震災前まで、気仙川の河口には気仙大橋が架かっていて、渡った右手に見事な松林が広がっていた。今は「奇跡の一本松」が立っているだけだ。気仙町とはこのあたりのことである。

「地震があったあの日ね、私は、家から車で五分ほどのところの海岸沿いにいました。ずっと水産関係の仕事をしてきたんですが、職場を替えようかなと思って、その日は次の職場にいたんです。そこは気仙川の河口近くで、目の前が岸壁でした。うしろに高い堤防があり、民家や会社はその内側に点在していました。私は外の道路に車を置いて水門から入り、新しい会社で研修を受けていたんですよ。そしたら、いきなりグラグラと揺れて、『あ、やべえ』と思ったんですが、揺れが長くて長くて……。

これは津波が来るなと思って岸壁に戻ったら、岸壁が割れているんです。そばでじいさんが『津波が来るから逃げろ、逃げろ』って大声で騒いでいました。私も絶対に来ると思ったから、急いで車で家に戻ったんです。うちは小高い丘の上で原木椎茸《げんぼくしいたけ》を栽培していて、乾燥場もあるので、もし地震があったらまずそこへ逃げようと家族で決めていたんです。だから、ばあちゃんに『逃げよう』と言ったのに、『おらは逃げねえ』って言うんです。裏に鎮守様があるからいいって、いくら言っても承知してくれねえから、

『じゃあ、私、一人で逃げるから』

そう言って小高い丘に向かいました。でも娘から電話で、もう一回ばあちゃんを迎えに行ってくれというので家に戻ったんです。今度は、『三メートルくらいの津波が来るっつぞ、逃げ

っぺ』と脅かすと、『逃げる』と言うんです。車でばあちゃんを丘の上に連れていくと、そこへ旦那もやって来ました。間もなく津波が来て、気仙川がどんどん盛り上がってきました。大きな波が気仙大橋を越え始めたんです。これはいかんと思って、林道を車で駆け上がって頂上まで登ったので助かったのよ。

避難所は気仙小学校か龍泉寺というお寺でしたが、あそこは津波が来たら追いつかれるから、おらたちは椎茸の乾燥場に行く、マニュアル通りには動かねえって決めていたんです。もしあの避難所に逃げていたら大変です。気仙小学校は校舎の三階まで津波が来たから、けっこう人が流されているんです」

加代さんたちは助かったが、加代さんやその子供たちが親しくしていた伯父が津波で流された。加代さんの夫には兄が二人いて、どちらも別々に車で逃げたのだが、車ごと流され、二人とも車の中から遺体で発見されたという。加代さんらが親しくしていたのは次男の方である。名を伊東克夫さんといい、享年五十九歳だった。

「旦那の家は、昔から乾麺を作っていたのですが、その事業がだめになって、上の兄は電報配達をし、克夫さんはクロネコヤマトでメール便の配達をしていました。どちらも車で逃げたんですね。でも、途中で渋滞して動けなかったらしく、車ごと流されたようです。遺体が見つかったのは三月二十日頃でした。

旦那の両親は震災の何年か前に亡くなり、上の兄のお嫁さんも震災の二、三年前にがんで亡くなっています。子供たちもこっちにいなかったから、兄弟二人で暮らしていたんです。克夫おじちゃんはやさしい人でね。両親を介護するのも病院に付き添うのも全部この人。おいしそうな魚が手に入ると寄ってけって声をかけてくれるし、うちらが松茸を採ってくると買ってくれるんです。おじちゃんはそれを友達に配ったり、自分で味付けご飯を作って私たちに食べにおいでって誘ってくれたり……。独身で子供がいないから、うちの子供が小さいときなんか、雨が降ると保育園まで迎えに行ってくれたの。だから、子供たちも『克おんちゃん』ってまるで友達のようになついていたんですよ。

あれは遺体が見つかってから二ヵ月経った五月二十日……、ああ、発見された日と同じだねえ……。あの頃の私たちはまだ親戚の家の納屋に避難していましたが、仕事も始まってようやく気持ちも落ち着いてきました。その日は平日でしたね。世話になったおじちゃんだから、なんとなく電話したくなったの。一人でぼんやりしていると、ああ、おじちゃん、どうしているかなあ、逢いたいなあと思って、軽い気持ちで携帯で電話したんです。

プルルルって鳴ったかと思ったら、突然電話に出たんですよ。

『はい、はい、はい』

そう言って三回、返事をしました。

『エエエッ！』

声は克夫おじちゃんとそっくりです。いやいや、克夫おじちゃんに間違いないです。本当に嘘《うそ》じゃないんですよ。自分で電話して驚くのもおかしいですが、あのときはもうびっくりするやら、信じられないやらで、怖くなってすぐ携帯を切ったんです。

《誰？　なんでおじちゃんが出るの》

ちょっとパニック状態でした。そしてしばらくしたら、というより数秒後でしたが、克夫おじちゃんの携帯から折り返しの電話があったんです。私の携帯に（番号登録した）『伊東克夫』って出たものだから、もう背筋が寒くなって、さすがに出られませんでした。ベルが鳴り終わると、すぐにおじちゃんの番号を削除しましたよ。

その晩、旦那が帰ってきたのでその話をすると、『じゃあ、おれも電話してみっから』って電話してくれたんです。でも通じませんでした。あのときは克夫おじちゃんの携帯の契約はまだ解除していません。でも、通じなくて当然ですよね。遺体が見つかったのは震災から十日ほどあとですが、上の兄の携帯は見つかったのに、克夫おじちゃんの携帯は津波に流されて発見されていないんです。あったとしても、十日間も海水に浸かっていたんだから使えるはずがないですよね。それなのに、なぜあのとき通じたのか……」

加代さんはそこまで言うと、「そんなはずはないと思うでしょ？　ほんとうに嘘じゃないからね。ほんとうの話なんだから」と、おかしなほど真剣なまなざしで言った。

加代さんの自宅は津波ですっかり流された。家の跡地を見に行ったら、土台だけになっていたという。そこには、家の外に無造作《むぞうさ》に置いていたガラスの花瓶だけが、水道管に挟まって残っていた。「真っ先に流されるか割れていいはずなのに、わが家で唯一残ったのがこれ……。見えない力でも働いていているんでしょうかね」、加代さんはつぶやく。

おそらく被災地には、誰にも信じてもらえないまま、記憶の外へと追いやられた不思議な体験は少なくないはずだ。僕がこうして加代さんから話を聞けるのも、あるいはきわめて偶然なのかもしれない。誰にも語れない生者は、死者との物語をいつまでも紡ぎ直すことができず、未完のままこの世で朽《く》ち果てていくのだろう。

9 『ほんとうはなあ、怖かったんだぁ』

阿部由紀さんの体験

気仙川のそばに愛宕山《あたごやま》という、高さ百二十五メートルの小さな山があった。過去形で書いたのは、この山も地面のかさ上げの材料にされて、今は小さな丘に変わってしまったからだ。地元の中学校では、愛宕山のことを校歌でこう歌っている。

愛宕の山の裾近く　鳴瀬の流太平洋
浦松原を庭として　建ちたる気仙中学校

浦松原とは一本松で有名になった高田松原で、鳴瀬は気仙川の古称だ。どちらも地元の人にとってはシンボル的な存在である。それが今、松原は津波で流され、愛宕山は人の手によって消されてしまった。ここに住まう人たちと共に生きてきたシンボルまで消し去って、果たして復興に意味があるのだろうかと思いながら、僕は阿部由紀さん（33）と約束した場所に向かっていた。

あの地震があった三月十一日、由紀さんは東京にいた。彼女が幼い頃から父親は出稼《でかせ》ぎに出ていて、一年の大半を都内の寮で暮らしていた。由紀さんには二人の兄がおり、地元の陸前高田で一緒にバンド活動をしていた。きょうだい全員音楽が好きで、兄たちは高校を卒業すると、バンド活動をするなら東京だと決めて上京した。そして由紀さんも、兄たちを追って上京する。やがて三人のきょうだいは、父親に引き寄せられるように、父親が住んでいた周辺にアパートを借りて住むようになった。由紀さんも、アルバイトをしながら東京で夢を追っていた。

あの震災があったのは、由紀さんが上京して五年目のことである。

「あの日は風邪を引いたわけでもないのに、起き上がれないくらい体調が悪くて、目が回るような感じで立っていられなかったんです。頭も割れそうなほど痛くて、仕事に行くのも嫌だったんですが、痛み止めを飲んで行きました。そしたらあの地震があったんです。

誰かが三陸方面で地震だと言ったので、いっぺんに血の気が引きました。すぐに母に電話したのですが通じません。これはあとでわかったことなのですが、母は海岸のそばの縫製工場で働いていて、そこの所長さんが、すぐに高台のお寺に避難しなさいと指示したので助かったそうです。

その日、私は帰宅難民になってしまい、都内の避難所に泊まりました。母に連絡しても繋がらないし、メールも送れなくて不安はいっぱいでしたが、翌十二日に電車が動くとすぐ父のアパートに向かいました。そこには兄たちもいました。父のアパートに着いて初めて、故郷の変わり果てた姿をテレビで見たのです。四人が集まったところで何ができるわけでもないのですが、とりあえずお互いが無事であることを確認できたので安心しました。でも、実家は海のそばですから、母と父方の祖母が生きているのか気が気ではありません。そのときすごい寒気がしたので、私は早々に自分のアパートへ戻りました」

不思議な映像を見たのは、由紀さんが自分の部屋に落ち着いてしばらく経った頃だった。

「さすがに疲れ切って、家に帰るとしばらくベッドに寄りかかっていましたが、眠ってはいませんでした。ただ、ぼんやりと、『おばあちゃん、大丈夫かな』と心配していたんです。

このおばあちゃんというのは、陸前高田にいる母方の祖母のことです。すると、突然、そのおばあちゃんが見えたんです。動画のように見えたというより、走馬灯《そうまとう》のような感じなのですが、不思議なことに顔ははっきりしているのです。もちろんカラーでした。それまでも見えたことはあったのですが、あれほどリアルに見えたのは初めてです。声はありませんでした。でも、あまりにはっきり見えたので、驚くと同時に、私の体がその場で固まってしまったのです。陸前高田に『マイヤ』というショッピングセンターがあるのですが、そのあたりをおばあちゃんが怖そうな顔で逃げているんです。でも、杖をついていて難儀そうでした。そのあと映像が切り替わり、おばあちゃんは椅子に座っていました。何人かと一緒に座っていて、どこだろうと思っていると、しばらくしてそれが車の中だとわかったんです。

最初、『なんだ、これは』と思って、おばあちゃんが見えていることが信じられませんでした。

でも、おばあちゃん、元気なんだと思ったらまた映像が切り替わったんです。今度はおばあちゃんが水の中に浮かんでいました。水の中に空気の泡《あわ》がぷくぷくと浮かんでいました。音のない映像なのに、なぜかぷくぷくという音だけが聞こえてくるんです。その瞬間、私は息ができなくなり、手が震え始めたんです。

すると突然映像が消えて、おばあちゃんの顔がどんと私の目の前にあらわれたのです。真っ黒い顔で口を一文字に結び、目をつむってすごい顔をしているのが鮮明に見えました。言葉はなく、おばあちゃんの恐ろしい表情だけが何度も繰り返されました。しばらくそれが頭から離れず、目を閉じても出てくるんです。そのとき、これは絶対に津波に巻き込まれたんだ、おばあちゃんはもう駄目なんだと思って涙がこぼれてきました。

おばあちゃんがいるらしい周囲の風景も見えました。陸前高田に『酔仙』という酒造会社があるのですが、景色と一緒に酔仙という言葉が頭の中に入ってきたのです。声がしたのではなく、頭の中で聞こえたという感じです。なぜ酔仙なんだろう。おばあちゃんと酔仙を結びつけて考えなかったのですが、後日、私の見た風景の近くでおばあちゃんが見つかったと聞かされたとき、あれはおばあちゃんが何かを伝えようとしたのかもしれないと思いました。

この映像を見た瞬間、私の体は血の気が引いたようになって、まるで冷たい海中に浸かっているような気分でした。あまりにも寒くて体中が痺れたようになり、お風呂に入ろうと思っても体が動かないんです」

由紀さんはそのことを父に報告したが「不吉なことを言うもんじゃない」とたしなめられた。二番目の兄も「そんな怖いことを、あのやさしいおばあちゃんが孫に見せるはずがない」と言った。

祖母は三月十九日、由紀さんが白昼夢《はくちゅうむ》に見た酔仙酒造の近くで発見されるのだが、このときは携帯が使えず、祖母が津波で流されたかどうかも確認できなかったのだから、父や兄の憤慨は当然だった。しかし後日、由紀さんが見た白昼夢は、祖母が流された場面そのものだったことを知る。

「あの日、おばあちゃんは、おじいちゃんと一緒に陸前高田の病院に行くつもりだったのですが、おじいちゃんに用事が出来たため、一人で行ったんです。おばあちゃんが亡くなる直前のことを知っている方から聞いてわかったのですが、おばあちゃんは病院に行ったあと、マイヤで買い物をして、バスで帰ろうとしたときに地震に遭《あ》ったようです。

どうしていいかわからず、とりあえず杖をつきながら市民会館のある公園に逃げたところ、たまたまおばあちゃんの知り合いに会ったので、一緒に逃げようとなって車に乗ったようです。もう少し早ければ逃げられたのですが、ちょうど坂を上ろうとしているところで津波に呑まれたそうです」

兄二人にはあらわれなかった祖母が、なぜ由紀さんにだけあらわれたのだろうか。

「私の実家は海の近くにあり、おじいちゃんは船の機関長をやっていたし、お父さんも昔は漁師をしていました。そういう土地柄のせいか、荒っぽい雰囲気があって、その中でもわが家はとくに短気な家系でしたね。

おじさんたちが集まると、なんでもないことでカッとなってしまうんです。外から見たら、なんでそんなことで？　と思うような理由で喧嘩になるんです。理由？　きっと誰にもわからないと思います。

小さい頃の私は、泣きながら間に入り、『やめて！』って叫んだりしました。すると、『由紀ちゃんが泣いているからやめようか』と収まるんです。もちろんエスカレートすると、その程度では終わりません。きっと想像もできないでしょうね。

とても複雑な家庭でしたが、何かあれば必ず母の方から折れるので、最終的には丸く収まるのです。おそらく、母がいなかったらうちはまとまらなかったでしょうね。

慣れといえば慣れなんですが、やっぱり子供心には嫌な記憶として残っています。それを日常の中で見て育ったのですから……。普通じゃない家庭環境ですよね」

由紀さんの家は浜側にあったが、母親の実家は山側で農業をしていた。農民と漁師という生活習慣の違いもあるのか、母方の家は由紀さんの家とは正反対だった。

「おばあちゃんはすごく優しくて、ホワンとした温かい感じ。わが家とまるで正反対でした。玄関を開けたときから温かい空気に包まれるんです。だから私たちが行くと、母親が子供をぎゅっと抱きしめるような感覚で迎えてくれました。おいしいものをいっぱいくれるし、ガミガミ言わないし、人の悪口は言わない。いつも笑っていて鷹揚《おうよう》で、何かあると必ず『大丈夫だよ』って励ましてくれるんです。このおばあちゃんがいたから頑張ってこれたんだと思います。私はおばあちゃんが大好きでした。だから、母の実家に行くというより、おばあちゃんとおじいちゃんに会いに行っていました。子供の足ですぐに行けるところではなかったから、夏休みや冬休みが楽しみでした。

孫ということもありますが、笑顔で包み込むように迎えてくれ、そこに行くだけで癒されました。楽しかったですね……。本当の家庭とはこういうものだよ、と教えてくれた気がします。まるで、もう一人のお母さんがいるような感じでした。

母の実家は昔ながらの農家で、畑で野菜を育てながら、牛を飼《か》ったりしていました。肉牛ではなくて、おもに仔牛《こうし》を売るんです。ハウスもあって、そこでイチゴの栽培をしていました。春に行くと、どっさりイチゴを用意して待っていてくれ、家中がイチゴの甘い匂いでいっぱいなんです。

『由紀ちゃん、いい匂いだべ』

今でもニコニコしながらイチゴを出してくれたおばあちゃんが浮かびます。嫌なことがあるといつもおばあちゃんの懐に逃げていましたね。何も言わなくても通じ合っているようなおばあちゃん。私が上京したときも、体の心配はしてくれましたが、それ以上に私の幸せを心から願ってくれていました」

その祖母と、最後に会ったのは、震災の年の正月だったという。

「別れ際に『おばあちゃん、元気でね』と手を握ったら、なかなか離してくれなかったんです。ちょっと嫌な予感がして、恐怖とか不安とかあるんじゃないかと思って、母と、何もなければいいねって話をしてたんです。おばあちゃん、本当に大丈夫かなと思いながら、東京に帰ったのが最後でした」

最愛の祖母が亡くなる瞬間を見せられた由紀さんは、なぜあんな姿を見せたんだろうと思案しているうちに四十九日を迎えた。それからしばらくすると、まるで祖母が、何かを伝えようとするかのように、ふたたび由紀さんの前にあらわれる。

「大切な人が突然いなくなると、心のバランスが失われて気持ちが落ち着かなくなります。おばあちゃんは津波で逝ったんだと思いながら、その事実を受け止められないんです。近くにいたわけではないから、助けようもなかったのに、助けてあげられなかった、助けてあげたい、時を戻してでも助けてあげたいなんて、非現実的なことに思いを巡らせていました。私に何かができたわけでもないのに、自分の非力さを思い知らされたようで、本当につらかったですね……。

四十九日は無事終えたのですが、だんだんと精神的に東京で暮らすのがつらくなり、六月に陸前高田に戻ってきました。

そして、あれは夏になる前の、七月に入ったばかりの頃でしょうか。外は暗くなり始めていました。偶然、おばあちゃんが避難していたあたりの映像をユーチューブで見つけたので、母にも見せながら話をしていたんです。

『おばあちゃんはどこにいたんだろ？』

『このマイヤの近くだよね』

そんな話をしたあと、自分の部屋に戻って横になりぼんやりしていました。そのときでした。ふわっと舞い降りたような感じで、枕元のあたりにおばあちゃんが正座したんです。

よそ行きの、ちょっと小ぎれいな長袖の洋服を着ていました。びっくりして、『おばあちゃん、どうしたの？』と、口には出さずに頭の中で呼びかけました。

するとおばあちゃんは、私を見ながらぽろっと言ったのです。

『ほんとうはなあ、怖かったんだぁ』

『えっ……』

あのおばあちゃんがそんなことを言うのは、はじめてです。昔気質《かたぎ》のおばあちゃんで、辛抱強く、愚痴《ぐち》も言わず、何があっても『大丈夫、心配しなくていいんだよ』としか言わない人でした。そのおばあちゃんが『怖かった』なんて、ほんとに驚きました。

『みんなに心配かけたくなかったけど、本当はおばあちゃん、怖かったから……、由紀ちゃんならわかってくれると思って伝えたんだ。申し訳なかったなぁ。由紀ちゃんに怖い思いをさせちまった……。でも、おばあちゃんは大丈夫だからね。心配しなくていいよ。みんなのことよろしくな』

『みんなに心配かけたくない』というのは、おばあちゃんの口癖《くちぐせ》というか、昔からそういう性格だったのです。心配をかけたくなかったのに、怖い思いをさせて申し訳ないと、三月十二日に、自分の真っ黒な顔を私に見せたことを謝っているのです。私は涙がこぼれそうになりました。

『いいんだよ、おばあちゃん。怖かったんだね、ありがとう』

そう言うと安心したのか、おばあちゃんは『私は大丈夫だからね』と、ぼそっと言って消えたんです。いつもの穏やかなおばあちゃんで、怖い感じはありませんでした。時間にして十五分間ぐらいでしたが、私も安心して話ができたと思います」

このとき以来、祖母は一度もあらわれていないが、由紀さんは今も亡くなったような気がしないという。

「おばあちゃんがいなくなってつらいのは当然ですが、あの不思議な体験以来、今もおばあちゃんとつながっている気がするんです。あのとき、おばあちゃんと私の魂が共鳴して一つの映像を見せてくれたのでしょうか。今でもつらいことがあって落ち込むと、ふっとそばにあらわれて、笑顔で『大丈夫だよ』と言ってくれているのを感じるんです」

東北にはオガミサマという「仏降ろし」や「口寄せ」をしてきた巫女《みこ》がいることはすでにふれたが、ひと昔前はたくさんいたのに、今はほぼいなくなってしまった。ところが、東日本大震災をきっかけに、霊感が強くなった女性の中から、オガミサマを自称する人もあらわれたという。陸前高田でも、海岸に近い集落にそんな女性がいると聞いたことがある。本来のオガミサマは盲目だが、彼女たちはもちろん普通の女性である。

「目に見えない存在に助けられていることに感謝している」という由紀さんには、もしかするとオガミサマの素質があるのかもしれない。彼女と話をしてふとそんな気がした。由紀さんの希望は、「周りの人が自分の持っている力で少しでも元気に、そして笑顔になってもらえるような仕事」をすることである。オガミサマがそれに相応《ふさわ》しいかどうか、僕には皆目《かいもく》わからないのだが……。

10　三歳の孫が伝える『イチゴが食べたい』
千葉みよ子さんの体験

僕はレンタカーに乗ると、来た方向とは逆に、国道四十五号線を南へと戻った。地図上ではリアス式の海岸を縫うように走るが、海岸線はほとんど見えない。それにダンプカーが重い排気音を轟《とどろ》かせながら激しく行き交うので、のんびりと海を眺めながら運転する余裕はなかった。

僕が目指していたのは南三陸町だ。なんとも味気ない町名だが、二〇〇五年に志津川町と歌津町が合併してできた町のため、双方が仲違《なかたが》いしないように、この無機質な名前が選ばれたという。震災当時一万七千人余の町は、死者六百二十名、行方不明者二百十二名の計八百三十二名の犠牲者を出した。人口比でいえば、宮城県内では女川町に次いで大きな被害を出した町である。

震災の年の四月二十七日、天皇皇后両陛下がこの南三陸町を訪問された。瓦礫はまだ人の往来を拒《こば》むように町を覆いつくし、歩くのも危険な状態だったが、天皇皇后は高台にある小学校の校庭で市街地跡に向かって深く黙礼されたあと、避難所になっていた中学校の体育館を慰問された。

四月といっても、被災地はまだ冬が足元にからみつくような寒さだ。そこでは約二百人の被災者が避難生活をつづけていて、千葉みよ子さん（69）たちもいた。

床にはビニールシートが一枚敷かれただけで、冷気が駆け上ってくる。そこへ両陛下が入ってこられ、左右に分かれて避難者に声をかけられた。このとき千葉さんは夫と仙台にいる長女、そして三女の菜緒さんの四人でお迎えした。残念ながら、次女は当時パニック状態だったために出られなかった。

天皇は、千葉さんの前で膝《ひざ》をつかれると、三枚の写真を食い入るように見つめられた。

陛下がご覧になった写真は、千葉さんの孫のゆうちゃんの成長記録である。母である三女の菜緒さんは、夫・洋さんと夫の両親、そして一人娘で三歳と三ヵ月のゆうちゃんを津波で流された。一家で生き残ったのは菜緒さん一人である。菜緒さんの義父母と洋さんは発見されたが、幼いゆうちゃんだけが見つかっていない。

「かわいいお孫さんですね」

陛下が静かに言葉をおかけになった。菜緒さんは緊張のあまり一言も声を出せない。千葉さんは、同じ目線で静かに話される陛下に「ここまでしてくださるのか」と感無量で、なかなか口から飛び出そうとしない言葉をなんとか押し出した。

「まだ、見つからないんです」

そう言うと、陛下はふたたび目を落とされたまま動かなくなられた。随行者が「お時間です」と言ってもそのままだった。

「体は大丈夫ですか」

「はい」

「復興まで長い道のりだと思いますが、体調には気をつけてください。お孫さんが見つかることを願っています」

陛下に励まされた千葉さんは、こぼれ落ちそうになる涙をこらえた。そして写真のゆうちゃんに向かい、「陛下にお会いできてよかったね。きっと生きてるよね」と静かに語りかけると、深々と頭を下げた。

すでに皇后は被災者を回り終えようとしていたが、天皇は何を思われたのか、なおもその場を動かれなかった。

千葉さんは、あの日のことを思い出すと今も涙がこぼれるという。

「もし、あのとき陛下にお声をかけてもらえなかったら、今頃私たちはこの世にいなかったでしょうね。陛下が来られるまで、私たちは誰からも声をかけてもらえなかったんです。家族が四人も亡くなって、なんて声をかけたらいいのかわからなかったのでしょうが、かける言葉がなくても、肩を抱いてくれるだけでもよかった……。同じ集落の人でさえ、私たちを見るとこっそり逃げていきました。『なんにも悪いことをしていないのに、誰も声をかけてくれない。私たちが何をしたというの！』、避難所でも肩身が狭く、いただいた食事も小さくなって食べていました。娘が『死んだ方がよかった』と言ったのが心にずっと残っていましてね……。ところが、陛下が来られた途端に、手のひらを返したように声をかけてくれるようになったんです。それまでは本当に地獄でした。生きることのつらさが、あのときほど身に染みたことはありません。陛下が声をかけてくださったおかげで、やっと家族が会話できるようになったんです」

僕は千葉さんが住む仮設住宅の、四人も座れば身動きができない小さな居間にいた。真ん中のちゃぶ台に座ると、目線と同じ高さにゆうちゃんの遺影が並べられているのがわかる。仏壇は娘さんの自宅にあるから、ここにあるのは写真だけの、いわば仮の仏壇である。とはいえ、こんな低い位置に遺影が並べられているのは珍しい。千葉さんにたずねると、孫と同じ目線で食事をしたいと思い、わざわざ背の低いチェストを買ったという。

千葉さんは「今日はウニの解禁日だったのよ」と言いながら、山盛りのウニとご飯を出してくれた。早朝にご主人と一緒に獲ってきたのだという。小さな部屋に潮の香が匂い立つ。なんということだ。前回訪れたときはアワビの解禁日で今日はウニの解禁日。まるでいやしん坊が訪ねてきたようだ。そばでゆうちゃんが、いたずらっぽい目で笑っている。

「私には娘が三人いるんだけど、長女も次女も結婚していないの。私が立ち直れないのは、内にも外にもたった一人の孫が流されていなくなったからなのね」

千葉さんの言葉はふるえていた。子供は現在と未来をつなぐワームホールのようなものだ。たった一人の孫がこの世からいなくなるというのは、千葉さんにとっては未来が閉ざされたのと同じことなのだろう。

「長女は仙台の方に住んでいたから無事でしたが、次女は大変でした。障害者なので福祉作業所にいたのですが、地震の直後にまず手足の不自由な人を逃がし、自由に動ける次女を含めて三人が作業所に残ったんです。そこへ津波が押し寄せてきて、二人が流され、次女だけが海面と天井の間にできた二十センチのすき間に顔が出て助かりました。助けられたときは、体中が打撲《だぼく》で元の姿が見る影もないほど腫《は》れ上がっていました」

当時、作業所は福祉施設を集めた「福祉の里」にあった。ここは元中学校で、海岸から一・一キロ、海抜も十三メートルあったから職員に油断があったのだろう。

千葉さんにいただいた名刺には「愛の手をつなぐ親の会（障害を持つ子供の親の会）会長」とある。障害のある子供は一般の学童保育には預けられない。南三陸町には障害児の学童保育所はなかった。すると障害のある子供を持った母親は働きに出られなくなる。千葉さんは「健常者も障害者も共に住み慣れた町で暮らせるように」と、震災後、義援金を基金に、障害者のための学童保育『にじのはクラブ』を設立した。

「三女の菜緒はゆうの母親ですが、この南三陸町でケアマネをしていました。あの日は、孫を（義理の）息子の両親に預けて気仙沼に行ったんです。地震があったとき、おじいさんは腰の手術をしたばかりで、思うように体を動かせないから、逃げるのを諦めたみたいです。おばあさんと孫はいったん逃げたんだけど、おじいさんが心配で戻ってきて流されたんです。おじいさんは津波から十日ほど経った頃、材木につかまったままの姿で発見され、おばあさんはその翌日見つかりました。孫を抱えて逃げたようで、腕を丸めたまま亡くなっていたそうです。

義理の息子は役場に勤務していて、あの日は防災庁舎にいました。申告の時期だったから町民の方がいっぱいいたので、最後までその人たちを誘導していて流されたようです。後で聞いた話では、津波が来ているのに歩いてきたお年寄りがいて、息子がおんぶして屋上に上がったとか。数日後には仙台に転勤するはずだったんですよ。震災の翌日は土曜日なので、アパートの契約に行くことになっていたんです。だったら思い切って、一日休んで行ってればこんなことには……。息子は、震災から四十三日目に、湾の底にいたのを発見されました。ポケットに入っていた携帯でわかったんです。あれが湾の外だったら、たぶん見つからなかったでしょうね。でも、孫だけがまだ見つかっていないのです」

かろうじて助かった次女は、強いストレスで髪の毛が全部抜けた。また、夜といわず昼といわず、突然泳ぐようにバタバタと全身を痙攣《けいれん》させるので周囲を慌てさせた。夜は夢を見るのか、何ともいえないうめき声を発するので、避難所での生活は困難を極めた。仮設住宅は無理だと思い、みよ子さんの実家に預けたが、それでも面倒を見るのが難しいと言われたという。これがようやく収まったのは、震災から一年以上も後のことだった。

今は落ち着いて作業所に通っているが、作業所で出るおやつは食べないで持ち帰り、ゆうちゃんの遺影の前に供えているという。

問題は、ゆうちゃんの母だった。千葉さんがいた仮設住宅の隣に住めるようにしてもらったが、母親の千葉さんが訪ねていっても鍵をかけて入ることもできなかった。

「震災の年の十月まで、娘は毎日のように孫を探していましたが、瓦礫処理が終わって探すところがなくなると、仕事を辞めて引きこもってしまったんです。私は、電気がついてないといっては部屋を覗きにいって心配する。朝、カーテンが開いてなければ戸を叩《たた》き、返事がなければまた心配。食事を作って持って行っても食べないと言われてまた心配。朝から晩までハラハラしているのですから、夢を見るどころではなかったですね。娘と隣同士なのに、孫に線香の一本もあげられなかったんです。そんなとき、娘がポツリとこぼしました。

『こんな思いをするんだったら、みんなで死んだ方がよかった』

それが胸に刺さりましてね。この仮設住宅でも孤独死をした人がいたから、変な気でも起こされたらと心配で心配で……。おかげで私もストレスで意識が朦朧《もうろう》となり、何度か救急車で運ばれました。そんな状態が二年半ほど続いたんです。

仮設にいる人は被災者としてひと括《くく》りにされますが、みんな違います。ゼロからのスタートだという人もいますが、私たちは笑うどころかしゃべるのも嫌で、外で話をしてもすぐ引っ込んでは一日中テレビを見ていました。ようやく立ち直りかけたのは、震災から三年経った頃です。最初、私が宮城県から頼まれて神戸で講演したんです。何度か行っているうちに、胸の奥に溜まっていたものを吐き出したのか、何かが吹っ切れたような感じがしましてね。あれは、たまたま国連から頼まれて仙台で講演したときです。終わった後で、ニューヨークでも講演をしてほしいと言われたのですが、障害のある次女を置いて外国なんて行くわけにはいきません。その話を菜緒にしたら、自分は行ってみたいと言うんです。私より娘の方がすべてを喪ったのですから、彼女こそ適任だと思い、ニューヨークに行かせました。

向こうでどんな話をしたのかは聞いていません。でも、それからすごく楽になったようです。同じ防災庁舎で亡くなった方の奥さんと温泉に行ったのもその頃からでした。それまで私が食事を作っても、いらないと言って食べなかったのに、ここへ来て食べるようになったのです。行ったり来たりするうちに、少しずつ立ち直ってきたのだと思います。そして二〇一四年夏、孫がよく遊びに行った仙台空港の近くに越していきました。

ケアマネの仕事って一軒ずつ歩く仕事でしょ？　菜緒は震災の年の十月まで頑張って仕事をしていましたが、四人も犠牲になったんだからお金がいっぱい入ったんだろうとか、あらぬことを言う人がいましてね。土地も建物もすべておじいさんの名義なのに……。そういう目で見られるのが耐えられなかったんでしょう。自分の境遇を知る人がいないところで働きたいって、この町を離れたんです。私はあえて反対しませんでした」

千葉さんはそこまで一気にしゃべると、抱えていた荷を下ろしたように柔和な顔になった。

お茶をひと口すする。不思議な夢を見るようになったのはその頃からだという。

「それまでは娘のことが気になって、夜も昼も眠れなかったから、夢なんてほとんど見ていません。ところが、娘が引っ越すと安心したのか、少しずつ眠れるようになって、孫が夢に出てくるようになったんです」

最初は、ゆうちゃんが泣きながら深い山中をさ迷っている夢だったり、寝入った途端にずぶ濡れになって泣きそうな顔であらわれたりと、暗い夢が多かったが、次第に笑顔であらわれるようになったという。それも月命日が近づくと、千葉さんは必ず孫の夢を見るようになった。

千葉さんの孫のゆうちゃん

秋祭りの舞台で踊っている夢や、千葉さんの後ろから突然あらわれてびっくりさせるような仕草をする夢もあったが、圧倒的に多いのは食べ物にまつわるものだった。それも、ゆうちゃんの母親である菜緒さんと、同じ時間に同じ夢を見るのだという。

「隅の方からあらわれて『イチゴが食べたい』って出てきては、すぐ隠れるんです。一緒に買い物に行ったのに、路肩に座って何か食べ終わるまで店に入らない夢もありました。あれは何の食べ物だったのかな。そうそう、『じゃがりこが食べたい』って夢に出てきたので、仙台にいる娘に電話したんですよ。

『ゆうべ、ゆうが来たよ』

『何か言ってた？』

『じゃがりこ食べたいって言われた気がするから、コンビニで買ってきたよ』

すると娘が『あら、私と一緒だ』と言うんです。この前も夢でホットケーキが食べたいと言うので作ったら、娘も同じ夢を見たそうで、電話で『作りすぎて困ったわ』と笑っていました。

　孫は大食いでほんとによく食べました。好きな食べ物はちょっと変わっていて、カリカリ感が好きなんです。お菓子でもじゃがりこやラスクのようにカリカリしたもので、ケーキのようにやわらかいものは嫌いなんです。家ではきゅうりを洗ってそのまま齧《かじ》るし、ブロッコリーを硬めにゆがいたのをおやつにしていました」

「はぁ、ブロッコリーがおやつですか？」

「どうしてですかね。だから写真の前にもブロッコリーやきゅうりがあるでしょ。お餅も、焼いて柔らかくしたらだめで、硬いのをそのまま食べるんです。だから、夢に出てくるのも必ず硬いお餅で、夢に出てきたら、きっと食べたいんだなと思って、朝起きると同じ物を買って余分に供えるんです」

供えられたきゅうりの前で、ゆうちゃんが瞬《まばた》きするように私たちを見つめている。特技は、まつ毛に輪ゴムを三本乗せることだったというように、まつ毛が人形のように長い。

「夢にあらわれるゆうちゃんの背丈は同じですか？」と僕がたずねると、千葉さんは「同じだねえ」と残念そうに言った。

「大きくなった孫は見ないんですね。生きてたら小学三年になるんです。夢では好きな水色のランドセルを背負った姿を見せてくれるのに、いつも三歳のままなんですよ。夢では大きくならないんだねえ……」

「行方を探すのにオガミサマにお願いしたことはありますか？」、僕は千葉さんにぶしつけな質問をしてみた。すると千葉さんは、さも当然のように答えてくれた。

「オガミサマではないのですが、（宮城県）大崎市に若い占い師がいると聞いて占ってもらったことがあります。いつまでも見つからないものですからね。私は一回で娘は三回行ったかしらね。でも孫は、海には流されてないけど、見つからないと言われました。だけど『お腹が空いた』って言ってるんですって。それから日に三度、ずっと陰膳を供えているんですが、それでも夢にあらわれるのは食べ物のことばかりなんでね」

「夢の中で話しかけたことはありますか？」

「そうですね。夢では『ババ！』ってあらわれても、すぐ隠れてしまうの。ただ一度だけ『ジヨンはなにしている？』って私が言ったら、孫が『シンパ〜ン（審判）』って隠れたことがありました。ジョンは誰かって？　ああ、孫のお父さんのこと。絵本を読んでもらってから、孫がお父さんのことをジョンって呼ぶようになったの。絵本の中に、お父さんに似たジョンでもいたんですかね。そのうち私らもジョンって呼ぶようになったんです。

『審判』と言ったのはね、お父さんは土日になるとスポーツ少年団での野球やサッカーの審判をしていていつも留守《るす》だったからです。夢の中で、私が『今日も審判？』ってたずねると、うしろからお父さんが顔を出すこともあります。そんな夢を見た朝は、『意地悪しないで、お父さんと半分っこするんだよ』って陰膳を供えるんですよ」

千葉さんには、まだゆうちゃんが死んだという実感がないから、買い物に行くと、孫が好きだったものも一緒に買ってしまうという。菜緒さんも同じで、目新しい「じゃがりこ」があるとつい買ってしまうそうだ。

「でも、食べ物で話しかけたことはないわね。

この前の夢も、さくらんぼ狩りに行った先で、両方の頬《ほほ》にさくらんぼをいっぱい詰めて笑いながら『ババ！』ってニコニコ笑っていたけど、私は黙って見てるだけ。夢ではいつもそれだけなんです。

夢では『ババ！』って出てくるんだけど、すぐ隠れるから短い夢ばかりですね。たいていふらっと出てきては、『あれが食べたい』って、その一言なの。〝ババご飯〟が好きだったから夢にはよく出てきます。あら、ババご飯というのは、味がついた炊き込みご飯のことですよ。私が娘に電話すると、向こうも同じ夢を見てるから、お墓に供えてほしいとよく言われるんです。ただうれしいのは、以前のように泣いてる顔じゃなくて、いつもニコッと笑って指を立てたり、悪戯《いたずら》っぽい目で笑ったり、いつもの悪戯のポーズで出てくるから安心できるんですね。津波に流されたとき、きっと『お母さん！』って叫んだと思うのに、夢にはそんな場面は出てきません。

娘の夢も同じだから、きっと私たちは孫に助けられているんです。これがもがき苦しんでいる夢だったら、たぶん私たちも生きていけないですよ。三年以上も苦しんだのですから、孫は私たちに、『もうこれ以上苦しまないで』と言ってるような気がします」

千葉さんにとって、今でもつらいのは秋祭りだ。二〇〇二年、歌津にアザラシの子供があらわれて「ウタちゃん」と名付けられ話題になったが、それをきっかけに、千葉さんたちは「よさこいソーラン」をアレンジした歌と踊りを作った。震災の前年に、ゆうちゃんは初めて秋祭りでこれを踊ったのだが、幼い子供が大人についていくのは難しかったのか、「この次はしっかり教えてね、ババ」と言われたのにそのままになってしまった。秋祭りの季節がやってくるたびに、そのことを思い出すのだという。

今もゆうちゃんの遺体は見つかっていない。墓に入っているのは、遺骨のかわりに入れた秋祭りの小さな法被《はっぴ》だ。大型機械で瓦礫を片づけるときに、小さな体だから、一緒に挟まれたのではないかと言われたときは、気丈な千葉さんもがっかりしたが、それでも、「見つからないのはどこかで元気で暮らしているからかもしれない」と思い直して希望につなげてきたという。

しかし震災から五年が経ち、千葉さんはゆうちゃんの死を受け入れることも考え始めた。

「遺体が見つかっていない家族なら、いつまでも捜索してほしいと思うはずです。私たちも諦めたくはありません。ただ、それがいつまでつづくのか……。生きている可能性はゼロに近いのです。骨のひとかけらでも見つかれば諦めもつきますが、見つからなければそうもいかないでしょう。どこかでけじめをつけるしかないのだと思います」

毎年三月十一日が近づくと、千葉さんの前にテントウムシがあらわれるという。

三月といっても、南三陸町では零度を下回ることもある。あの日がそうであったように、被災地の三月はまだまだ冬なのだ。それなのに、春を告げるようなテントウムシがひょっこりあらわれる。

「テントウムシになりたい」

ゆうちゃんの夢だった。だから、三月にテントウムシがあらわれると、千葉さんも母親の菜緒さんも、まるでゆうちゃんがあらわれたように心がときめく。

「津波のあと、孫が行方不明とわかって、娘は寒い中を毎日のように探し歩きました。そのとき一匹のテントウムシが飛んできて肩に止まったんです。娘はそのテントウムシに、『あの子がどこにいるか教えて』って声をかけたそうですが、それ以来、なぜか三月になるとテントウムシがあらわれるんです。

今年もそうでした。寒い日でしたが、息子と一緒に防災庁舎で犠牲になった方の家に行った帰り、車を運転していたら、窓ガラスをテントウムシが這《は》い回っているのです。まるで孫に逢えたような気がして、『また逢いにきたの？』って声をかけてあげました。そのことを娘に伝えると、『ゆうが逢いに行ったんだね』とうれしそうでした」

千葉さんが語るゆうちゃんの話は、ときどきそれが現実なのか夢の話なのかわからなくなることがある。だから僕は時折り、「それは夢の話ですか？」と口を挟まなくてはならなかった。すると千葉さんは夢うつつから醒めたように「夢よ」と言う。

体は単なる肉体ではない。魂の器《うつわ》なのだと思う。大切なあの人が亡くなっても、その人の魂の器が見つからなければ、遺された人には彼岸に去ったとは思えない。今の千葉さんは、死者とではなく、まだ此岸にいるゆうちゃんと生きているのだろう。僕には、千葉さんの言霊が、彼岸と此岸のはざまをさ迷っているかのように聞こえた。


この旅が終わりに近づくにつれ、ふと気づいたことがある。

僕は、不思議な体験をした方とは最低でも三回は会うことにしていた。こんな話を初対面の僕に、いきなり一回ですべてをさらけ出してくれるなんてあり得ないと思ったことも理由の一つだが、それより、人は物語を生きる動物であると書いたように、その物語がどう変化するかを確かめたかったからだ。不思議な物語は、他者に語ることで語り手が少しずつ変化を加えつつ、やがて自ら納得できる物語として完成するはずだ。実際、多くの方の話に微妙な変化があった。たとえば阿部秀子さんの場合だ。階段の途中で見た「ニコッと笑った顔」のことを、最初に会ったときは、「『誰なんだろ？　こんな高いところから顔を出すなんて不思議だなあ』と思ってちょっと腑に落ちなかった」と言っていたのだが、三回目に会ったときは「すぐにお父さんだとわかった」と微妙に変化していた。だからといって嘘をついたわけではない。どちらも本人にとっては真実なのである。というより、こうした変化があるのは当然なのだ。

人は物語を生きる動物だが、その物語はけっして不変ではない。

津波という不可抗力によって突然断ち切られた物語を、彼岸と此岸がつながるという不思議な体験によってふたたび紡ぎ直す。とりあえずつながった物語は、時の経過と共に自分が納得できる物語に創り直されていく。創り直すことで、遺された者は、大切なあの人と今を生き直しているのである。

旅は終わり、僕は仙石線の新型気動車に乗って仙台に向かった。座席に座るとリュックから一冊の文庫本を取り出した。堀口大學の訳詩集『月下の一群』（岩波文庫）である。その中の、画家で詩人であったマリー・ローランサンの「鎮静剤」という詩を口ずさんだ。この旅を締《し》めくくるのに一番ふさわしい気がしたからだ。

退屈な女より　もっと哀れなのは　かなしい女です。
かなしい女より　もっと哀れなのは　不幸な女です。
不幸な女より　もっと哀れなのは　病気の女です。
病気の女より　もっと哀れなのは　捨てられた女です。
捨てられた女より　もっと哀れなのは　よるべない女です。
よるべない女より　もっと哀れなのは　追はれた女です。
追はれた女より　もっと哀れなのは　死んだ女です。
死んだ女より　もっと哀れなのは　忘られた女です。

この詩の「女」を、「人」に置き換えれば、最愛の人を喪った人の情そのもののようにも思える。彼らが不思議な体験をするのは、亡くなったあの人を忘れたくないからであり、同時にそれが、死者の願いでもあることを知っているからだ。生者が死者を記憶に刻《きざ》み続けることで、死者は生き続ける。私は、その記憶を刻む器なのだ。

この瞬間も、死者との物語は創られているはずだ。いずれ僕はこの地に舞い戻り、それらは僕という器に書き込まれることだろう。

秋の旅

11　『ずっと逢いたかった』――ハグする夫

高橋美佳さんの体験

津波で逝ったあの人との「再会」ともいえる不思議な体験は、僕の想像をはるかに超えたものだった。この三年半、その物語を訪ね歩いた旅も、そろそろ終わりを迎えようとしていた。そして、これが最後かもしれないと思いつつ、僕は気仙沼に向かった。

気仙沼市役所の幡野寛治さんは「今回の震災で、津波が浸水したエリアを描いてみると、ほとんど埋立てた所か沖積地《ちゅうせきち》なんです」と言う。人間は自然に逆らって孜々《しし》営々《えいえい》と海を陸地に変えてきたが、津波はそれを元の自然に戻しただけなのかもしれない。

以前からそのことを指摘してきたのは先の旅でも会った川島秀一教授だ。

「気仙沼駅を降りて、海側へ少し歩くと市役所が見えてきます。江戸期に入るとそのあたりから埋立てられていき、町が形成されました。おそらく今回の津波でやられたところは埋立てられた土地だったと思います。もともとこのあたりはリアス式の土地ですから、平地なんてなかったはずです。自然を改造しても、海は必ず取り戻しに来るということを覚悟したほうがいいですね」

そのことを知ってか知らずか、津波に根こそぎ浚《さら》われた土地は、またもや土盛りされて新たな平地に変わりつつある。

僕は、気仙沼湾の最奥部にあって津波の被害が大きかった鹿折地区に行ってみた。かつて気仙沼に来ると、この地に打ち上げられた大型漁船の第十八共徳丸を見に必ず立ち寄ることにしていた。東日本大震災の記憶が薄れないように、自分の体に刻みつけるためである。現在はもちろんその船も消されてしまったが、僕は久しぶりにそのあたりに立ってみた。あたりはすっかり変わり、土盛りも完成したのか復興住宅も建ち始めている。町並みが新品に変わり始めたというのに、なぜか僕の胸の中では、ざわざわした感触が激しくなっていた。


僕は熊谷さん宅で荷を解くと、震災後の気仙沼市内でも発展が著しい東新城《ひがししんじょう》へと向かった。現在BRTで運行している気仙沼線が気仙沼駅の手前で大きくカーブするところがそうだ。このあたりは津波の被害がなかったから、ホテルや大型店舗などができて人の賑わいが集中するようになった。もちろん仮設の店舗もある。夫の雅巳《まさし》さん（享年57歳）を津波で喪った高橋美佳さん（56）は、その仮設店舗で「MIXIM《ミキシム》」というブティックを開いていた。

かつて高橋さん一家は、先ほどの鹿折地区で二つのブティックと釣り道具店の三店舗を経営していた。美佳さんが若い女性客を相手にした洋装店「MIXIM」、年配者向けに呉服やギフトを売る義母の「みよし」、そして、夫が始めたアウトドア用品と釣り道具の「ストリーム」

である。もっとも、建物の一階フロアを三区画に仕切り、レジも別々にしただけだ。店舗の二階は家族の住まいになっていた。ただ、震災当時は義母が認知症になり、美佳さん夫婦でこの三つの店を仕切っていたという。

津波で家財道具の一切合切が流され、位牌と結婚式のスナップ写真とアルバムだけが見つかったという。美佳さんはわずかに残ったその写真を見せてくれた。その中に、夫がボーラーハット（山高帽）をかぶってVサインをしている写真がある。口ひげを生やして、まるで陽気なチャップリンのようだ。美佳さんには娘と息子の二人の子供がいたが、震災があったあの日、大学生の娘は春休みで帰省中だったが不在で、息子だけが二階にいた。そして一階の店舗には美佳さんと雅巳さんがいた。

大きく揺れたので逃げようとしたが、戸締《とじま》りをしていないことに気付いた雅巳さんは、「店を閉めていくから、二人は先に逃げてろ」と命じた。美佳さんは後ろ髪を引かれる思いで「すぐ来てね」と言い残して息子と一緒に高台へ逃げたが、雅巳さんを見たのはそれが最後となった。

「制服とかを扱っていたので、夫に『それは預かりものだから二階に上げろ』と言われて三人で上げたんです。それから外に出たのですが、妙に静かでしたね。すべての音が消えてしまったかのようでした。とにかく私たちは近くの高台に逃げ、すぐに夫の携帯に電話したのですが、つながらないのです。夫を待っている間にも何度か地震がありました。『遅いね、遅いね』と言いながら、ふと振り向いたら、真っ黒い壁のような海水が押し寄せてきたんです。『津波だ！』と誰かが叫び、さらに高いところに駆け登ったら、息子が『お父さんが見えた』と言うんです。ドキドキしながら待っていたのですが、いつまで経っても上がってくる気配がなく、そのうち鹿折地区は完全に海面下になりました。

主人は几帳面《きちょうめん》な人でしたから、あの日も三つのレジからお金を持ち出したり、シャッターに鍵をかけたり、台帳も持って逃げようとしたんだと思うんです。翌日は制服の問屋さんへの支払日だったので、二階にあった金庫も開けたはずです。そんなことをしても何にもならないと思うのですが、あの時はそうは思いませんからね」

高橋美佳さんの夫、雅巳さん

結局、雅巳さんは戻らなかった。

その頃、娘は陸前高田の自動車学校に行っていたが、幸運にも路上教習ではなかったことや、学校が高台にあったおかげで奇跡的に助かった。そして三日目に、知人の車に乗せられて気仙沼に戻ってきたという。

やがて水が引くと、美佳さんたちは親

戚の家に身を寄せながら夫を探し回った。そして二週間経った三月二十五日、自衛隊によって発見される。

美佳さんたちが不思議な体験をするのはこの前日の深夜か当日の早朝である。

「突然、あの人が夢に出てきたんです。あの人は寝室の入口あたりに立って何も言わず、じっと私を見つめているんです。モノクロのスチール写真のようでした。私はうれしくて、『ああ、いたんだね』と言ってハグしようとしたら目が醒めたんです。朝起きて、息子にお父さんの夢を見たよと言ったら、『俺も見たんだ』って言うんですよ。『どんな夢だったの』とたずねると、『しっかりしろと怒られたんだ』そうです。初めて怒られたので、夫の顔もまともに見れなかったそうです。

主人とは学年で六つも違っていたから喧嘩にならなかったのでしょうが、私が一人で怒っても相手にしなかったし、やさしくて争い事が嫌いで、子供たちにも怒ったことがないんです。それなのにどうして夢の中で……。あのとき息子は高校を卒業したばかりで、四月から仙台の専門学校に行くことになっていました。

実はね、あの子は難しい状態で生まれたんですよ。だから主人は、家を離れてやっていけるか、心配だったのかもしれません。私が、『きっとあなたのことを心配していたんだね』と言うと、息子は黙って肯《うなず》いていました。

『二人が同時に夫の夢を見るなんて、今日は何かあるかもしれないね』と言い合っていたら、その直後に警察から夫の遺体が見つかったと連絡が入ったんです」

この数日後に、雅巳さんは大学一年生だった娘の夢にもあらわれたという。あらわれたのは震災当時に住んでいた家だった。

「娘は二階のリビングにいたのですが、ガラス戸に白い影が通り過ぎた気がしたので、『もしかしたら！』と思って開けたらお父さんだったそうです。びっくりして、追いかけなきゃと思って『行かないで！』と叫びながら走ったのですが、主人は二十段ほどある階段を二、三歩で下の方に降りて行ったようです。店内は明るく誰もいなかったのですが、そこでやっとお父さんに追いつき、『ずっと逢いたかった』って抱きついて泣きじゃくっているのを、主人が笑顔で見ているところで夢から醒めたと言ってました。実はね、娘も問題を抱えて生まれてきたんです。だから、夫は二人の行く末が、本当に心配だったに違いないんです」

当初、美佳さんはこの不思議な話をすることに気が乗らなかった。その背中を押したのが子供たちだったそうだ。

津波のあと、わずかに見つかった家財道具の中に、未熟児で生まれて亡くなった子供の位牌があったという。当時、雅巳さんを火葬にできず、とりあえず土葬にしたのだが、なんと埋葬した三月二十七日は未熟児で死んだ子供の命日でもあった。

「何かの縁でしょうかね」

美佳さんは、ため息ともつかぬ小さな声で言う。

ちなみに、雅巳さんの遺体は二年後に掘り出す予定だったが、五月に入ると市から火葬の許可が出たため、五月四日に掘り起こして火葬にしたという。

雅巳さんとは見合い結婚だったが、美佳さんにとっても条件にかなった相手だったそうだ。当時、美佳さんは仙台の銀行に勤めていたが、お金の計算よりも洋服を扱う仕事をしたいと思い、毎週のようにウィンドーショッピングをしていた。結婚するなら「服のセンスがわかる人がいい」と思っていたところへ叔母の紹介で雅巳さんに会った。

雅巳さんは美大を出たあとしばらく会社勤めをしたが、一人息子という理由で母親に呼び戻されたため、店の経営にはそれほど熱心ではなかった。

デートは月に二回。雅巳さんは「期待していた基準をほぼクリアしていたし、一緒にいて楽しかった」という。お見合いから三ヵ月後には結納と、目が回るような速さで結婚へとすすんだ。結納前のある日、美佳さんが実家に電話したら、「なんか先方のお母さんと二人で、あなたをもらいに来ているよ」と言われて驚いた。「ええ、なにそれ？　結納なんて、私は聞いてないわよ」と言ったが、まんざらでもなかったのは、彼女もそれを望んでいたからだろう。当時、美佳さんは二十三歳、雅巳さんは三十歳だった。

「うちでは、夫と二人で出かけようとすると、必ず義母が『私も行く』とついてくるんです。『ちょっと出かけてきます』と言うと『はあ〜ん、二人で？』ですからね。私の実家に帰るときでもついてくるんですよ。一人息子だし自分も離婚しているから心配だったのでしょうが、きつい義母でしたね。だから、夫の好きな釣りに二人で行くんです。火曜日を定休日にしてから、子供たちが学校に行ってる間に二人で釣りに行ってました。さすがに母親も釣りにはついてきません。ただ、夫は趣味が高じて釣りとアウトドアの店を始めたために、釣りにも行けなくなりましたね。

バブルの終わり頃、小さなスーパーマーケットの跡地を買ったんです。そのとき家族で、一緒に商売をやってはどうかということになって、家族会議をしたときのことを今でも覚えています。

『あんだは離れていたほうがいいべよ』

一日中ずっと一緒にいたら嫌でしょう、みたいに嫌味っぽく言われ、『ハァ?』と思いましたが、何も言えませんでした」

夫婦は、結婚から五年目にやっと男の子に恵まれる。ところが……、

「妊娠しても普通に働いて生活していたのですが、七ヵ月の頃、病院に行ったらすぐ入院しなさいと言われ……。生まれたのは千三百三十四グラムの未熟児でした。気仙沼の病院では未熟児は無理というので、仙台の病院まで救急車で運ばれました。そこで二ヵ月間NICU（新生児集中治療室）に入れられてようやく退院したのですが、一ヵ月後に朝起きたら冷たくなっていて……。突然死でした。健康になるようにと、健人という名前をつけたのに、生まれてわず

か三ヵ月で死ぬなんて……。

亡くなる前日に吐《は》いたため、もしも寝ている間に吐いて窒息でもしたらと思い、うつ伏《ぶ》せにして寝かせたんです。ところが、それを聞いた義母から『お前がうつ伏せにしたからだ』と責められました。事件性はないのに突然死というだけで解剖されたんです。あのときは本当につらかったですね。

それから三年後の平成三年に娘が生まれました。この子が生まれるときは、用心のために七ヵ月入院しました。ところが、退院する前に心雑音が聞こえると言われて……。何度か仙台の小児科に通い、おかげで心雑音は聞こえなくなりましたが、不安をかかえての育児ですから気が気じゃなかったですね。それから一年半後に生まれたのが息子です。元気で生まれたのに、先天性の腸の病気があり、救急車で仙台の大学病院に運ばれて手術をしました。三人三様、子供にはけっこう大変な思いをしましたね。夫も、二人が就職して社会に出たらどうなるか心配だったんでしょう。だから、あの世に逝っても気にかかっていたんじゃないでしょうか」

美佳さんは、夫の遺体が見つかってからは毎日のように泣き明かした。仮設住宅で一人になると、突然涙がこぼれてしゃくりあげたという。しかし、仮設では隣との間がベニヤ一枚なので、声を上げて泣きたい気持ちを、無理やり体の中に押し込めて嗚咽《おえつ》を嚙《か》み殺した。死んでしまったほうがどれほど楽か。死がすぐそばにあった美佳さんに、とても商売を再開するような余裕はなかった。

「以前の店のお向かいにいた酒屋の奥さんが、『負けねぇぞ気仙沼』というラベルをお酒の瓶に貼《は》って販売したんです。それを知った知人から、あなたも店を再開したらどうかと言われたのですが、当時はとてもそんな気分になれず、それに私は、洋服は好きでも、商売のすべてを夫に頼っていたので、仕入れから帳簿のつけ方まで、何をどうすればいいかまったくわからなかったのです。それが、何度も誘われるうちにやっとその気になり、震災の次の年の二月に仮設の店舗をオープンしました。生活していくには、やっぱり商売を始めるしかないのかなと思い、思い切ってMIXIMを再開することにしたんです」

それからもたびたび夢を見たが、美佳さんが見る夢の内容は微妙に変わってきた。

「夫はしばらく夢に出なかったのですが、商売を始めてから車で帰って一人になったときなど、なんで一人なんだろうと無性に悲しくなると、夢に出てくれるんです。声がないのは前と同じなんですが、最初の夢は表情がなくてまるで置物みたいに立っていたのに、商売をするようになってからは笑うようになりました。以前は夢の中で私の方から抱きついたのに、今度は夫の方からハグしてくれるようになったんです。私がやっと商売をする気になり、生きる気力も出て来たことが嬉しいのでしょうかね。その後もちょこちょこ夢を見ますが、やっぱり夫は笑っています。なんだか亡くなった夫に、『負けるなよ！』と応援されているような気がするんです」

12 『ただいま』――津波で逝った夫から
菅野佳代子さんの体験

「オガミサマってご存知ですか？　えっ、知ってる？　めずらしいですね」

岩手県陸前高田市の菅野佳代子さん（53）はそう言って小さく笑った。

東日本大震災の大津波で夫の誠さん（享年50歳）を喪って以来、不安定な気持ちを落ち着かせるためにオガミサマを訪ねるようになったという。オガミサマとは、熊谷常子さんのところでも述べたように、「口寄せ」で死者の言葉を語る霊媒師のことである。

「私が行くオガミサマは一対一ではなく、この前行ったときは、相談に来た人が八人いました。集団カウンセリングのようにオープンにしゃべるんです。最初に行ったとき、いきなり『男の人も一緒に（ここへ）入ってきたよ。旦那さんかな、きょうだいかな。心配で心配でしょうがないから、ずっとそばについているって』と言われて、ああ、お父さんだ、と思ったんです。

それだけじゃないんです。そこに行くと癒されるんです。この前も、あるお母さんが『（津波で死んだ娘が）なんで出ないんだべ』と言うので、オガミサマが『顔に傷がついているから見せられないけど、いつもそばで見てる』と言ったんです。すると、そのお母さんが『いつも隣にいるんだったら、父ちゃんとさっぱりいいことできねえちゃろか』って。そんなおしゃべりをしながら、みんなで泣き笑いするんです」

おそらくこれは、東北に住む人たちの共通感覚なのだろう。オガミサマを信じない人には無用の長物でしかないが、信じる人にはかけがえのない存在である。私がこのインタビューをお願いしたとき、菅野さんはオガミサマを訪ね、「お父さんのことをしゃべっていいか、訊いてほしい」とお願いしたそうである。これに対してオガミサマから口寄せで、「誠さんがおれのかわりに話していいと言ってる」と言われ、この取材が実現したのだ。

こんな話をすると「なんて非科学的な！」と目くじらを立てる人もいるが、私はオガミサマを信じる社会がまだ残っていることを羨《うらや》ましく思う。

「いまから考えると、あの日の朝はちょっと奇妙でしたね。うちには十二歳の、すごく臆病《おくびょう》でのんびりした犬がいました。毎朝、ご飯にドッグフードと魚を混ぜてやるのですが、そのご飯を狙って雀《すずめ》やギーギー鳥（ヒヨドリ）がいつも二、三十羽集まってくるんです。それなのに、犬は食べられているのをじっと見ているだけ。『なんで追っ払わないの』と言っても知らん顔です。

ところが、あの日の朝だけ、雀たちは姿を見せなかったんです。三月なんてまだ寒いし食べ物がない時期だから必ず来るのに、一九九一年に家を新築して以来、一羽も来なかったのは初めてでした。

『お父さん、今日は雀がいないね』

『なんでだろうね』

そんな話をしながら、『行ってくるね』と出掛けたのが最後でした。

私は看護師として気仙沼市でしばらく働いた後、一九九八年から地元の介護老人保健施設『松原苑』でケアマネージャーとして働いていました。その日は出勤したあと、午後から大船渡市であった介護保険の研修会に出席していました。そして、午後二時四十六分――。

天地がひっくり返ったような揺れに、急いで松原苑に戻ったのですが、鉄筋三階建ての建物は、各部屋の壁がぶち抜かれ、天井もあちこちで落ちていて、足の踏み場もありません。柱にもヒビが入っていて、余震のたびに、このまま崩れるんじゃないかと恐怖でいっぱいでした。ただ、これだけの被害で、けが人が出なかったのは奇跡的でした。

ここには入所者が百九十人と入院患者が十九人いたのですが、とにかく二階と三階から布団を降ろし、入所者と入院患者全員をいったん外に出したのです。ここは高台なので、下から住民も避難してきました。

そのとき、海側にいた人たちから、

『津波だぁ！』

すごい叫び声があがったのです。海岸の松林の上のほうで、煙のようなものが山のようになって動いていているのが見えました。そのうち黒い水が地面をなめるように押し寄せてきて、松原苑の下はあっという間に水底になりました。さいわい、水は松原苑の下で止まり、私たちは被害をまぬがれたのです。

夜が明けると、同僚と三人で建物の屋上に上がったのですが、目の前に広がる風景に私たちは息をのみました。(陸前)高田の町は、ホテルも銀行も何から何まで水の底に沈み、まるでSF映画に出てくるワンシーンのようでした。朝焼けの中に、ぽつぽつと建物が水面に浮かんでいるのです。一緒に屋上に上がった上司は、双眼鏡をのぞきながら『わあ、何もかもなくなった』と悲鳴のような声を出していました。私の家があったあたりも、巨大なヘラで削られたように流されていました。

気になるのがお父さんの安否《あんぴ》です。こんなときは必ず電話を寄越すのに、いつまでたってもかかってこない。私は、津波警報が出ている中を、腰まで泥水に浸かりながらお父さんを探しに行きました。

『誠さんが見つかった』と連絡をもらったのは三月十六日の夕方でした。遺体はすごく綺麗で、傷なんかほとんどなく、死後硬直もなくて寝ているみたいでした。

『冷たい中で待っていてくれたの?』

お父さんにそうつぶやいた途端、涙がとめどなく流れてきたのです。『なんで、なんで』と遺体にすがって泣きつづけていました」

誠さんは陸前高田市役所に勤務していて、震災当時は教育委員会のスポーツ振興係長だった。三月十一日は市役所の向かいにある市民会館にいたはずだという。こんな大地震なら必ず誠さんから電話があるはずなのに、一度もなかったことが佳代子さんには理解できなかった。

「非常事態だからやることがいっぱいあったと思うのですが、それでも私には電話をくれるはずです。市民会館は水没して、助かったのはわずか十一人でしたが、後日、この人たちに聞いてやっとその理由がわかりました。地震の直後、教育長から『誠君、車を運転しろ』と言われて一緒に施設の被害を見回ったそうです。当時、球場を建てていて、完成したら西武を呼んで楽天と交流試合をする計画だったようで、すごく楽しみにしていました。教育長も心配だったのでしょう。でも、結局どこにも行けずに戻ってきたようです。そしたら津波が来るというので、みんなを誘導したんです。お父さんは消防団にも所属していて、絶対に人を置いて逃げたりできない人です。市民会館の最上階には来なかったそうですから、最後まで下で避難誘導をしていたのでしょう。だから、私に電話をくれなかったんだと、やっと納得できました」

海のそばにあった菅野さんの家は一切合切流された。震災後、家の様子を見に行ったら土台しかなく、北寄貝の赤ちゃんがその上を這い回っていたという。

何もかもなくしたはずなのに、菅野さんが住んでいる仮設住宅では、誠さんと一緒に写した写真が仏壇のまわりを所狭しと占領している。実は、津波で流されたはずの写真が、一千枚以上も見つかったという。

「家はすっかりなくなっていたのですが、それから三日ほどして近所にいた人が、『佳代ちゃん、すごいものを見つけたぞ』と言うんです。震災の二十年前に家を建てたのですが、それは、夫が手描きで描いた家の設計図でした。それ以外に、年金や生命保険の書類など、大事なものを入れていたファイル。いつも書斎に飾っていた写真などもあったんです。家から三十メートルほど離れたところの瓦礫の山から見つかったそうです。

ある日、私の同級生がうちのお父さんの夢を見たんです。何も言わないでニコニコ笑っていたんですって。なんで夢に誠くんが出てきたのだろうと思いながら車を走らせていたとき、ふと脇を見たら、写真が山のようにあったそうです。

免許証やお父さんの名刺や年賀状、お気に入りだった消防署の名札とか、信じられないものがいっぱい出てきたのに、結婚写真だけが出てこないのです。気になっていたのですが、ある日、ひと泣きして外に出たら、娘の中学校の先生にばったり。『佳代子さんに渡したい写真があって車に積んであるんだけど』と言われたので見せてもらうと、その中に私たちの結婚写真があったんです。

家からちょっと離れた瓦礫に、フィルムが入った紙袋が置かれていて、写真屋さんで現像してもらったら、それもうちの写真でした。お父さんは私の誕生日に必ずプレゼントをくれたのですが、写真屋さんから連絡があったのが私の誕生日。最後の写真がニコッと笑ったお父さんのアップで、『ほらね』って言ってるような顔なんです。『ああ、これがお父さんの誕生日プレゼントなんだ』と。入院中も写真がいっぱい届けられて、最終的に一千枚を超えました」

このインタビューに同席してくれた高田病院前院長の石木幹人さんは「ほとんどの人は写真なんて何もなくて、この人のように残っているのは珍しいんです」と言葉を添えてくれた。石木さんは菅野さんの紹介者でもある。

「写真を見ると思い出す記憶はいっぱいあります。写真がなかったら、年とともにどんどん忘れていって、思い出せなくなるでしょう。写真を見ることで、お父さんと過ごしたあの時の記憶が思い出せるんです。写真がたくさん見つかったのも、二人の思い出をなくさないようにという、お父さんの配慮かも」

記憶の集積こそ、その人の人生にとって最高の宝だろう。ところが、年月と共にときどきその記憶は霧に隠れるように曖昧になる。見えるようになるにはカギが必要で、それが手紙だったり思わぬ出来事だったりするが、なんといっても写真が一番だ。

菅野さんの手元に戻ってきたそれらの写真は、どれも笑みがあふれていた。

「仲がよかったんですね」

私は思わず菅野さんに言った。

「私たち夫婦は十三歳から同級生なんですよ。中学の入学式で初めて見て……。十三歳の誕生日に、お父さんからキラキラ光るガラス玉にチェーンがついたネックレスをプレゼントしてもらいました。すごく嬉しかった。高田の駅前で売っていたそうですが、男の子がよく買えたと思います。田舎のことだから、学校では口もきかないで知らないふりをしていました。でも、家に帰ると親の目を盗んで長電話をするんです。

中学高校が一緒で、高校を卒業してから私は気仙沼の看護学校に行き、お父さんは高田市役所に就職しました。卒業後、初めてのデートは映画を見に行って……。そうそう、お父さんは派手なスターレットに乗っていて、その車でよくドライブしましたね。

結婚したのは二十三歳です。親は反対しました。わが家は妹と二人姉妹なので、長女の私は婿《むこ》を取って家を継ぐのがしきたりだったんです。家といっても市営住宅なのですが、親はそう思っていました。でも、一生懸命《いっしょうけんめい》説得して、最終的には許してくれました。お父さんとは、夫婦というよりも、友達の延長みたいな関係でしたね」

「誠さんはどんな人でしたか？」と僕はたずねた。すると菅野さんは「そうねえ」と言ったかと思うと、ぱっと明るくなった。

「私が『頼む』と言うと、嫌な顔ひとつせずにやってくれる人。ずっとお父さんに頼っていました。お父さんはぜんぜん怒らない人なんです。それに、目元に笑いじわがあるほど、よくしゃべってよく冗談を言う人でした。国会議員の黄川田徹《きかわだとおる》さんは市役所でお世話になった方ですが、その黄川田さんがお父さんのことを『へらまこ』と呼んでいました。へらへらしゃべる誠、という意味です。いつも二人でしゃべっていました。だから、こうして私がおしゃべりできるのも、お父さんの分をしゃべっているんだと思います」

佳代子さんの父は気仙大工（陸前高田を中心とした気仙地区の、優秀な技術を持つ大工集団）で、亡くなるまで出稼ぎをつづけた。誠さんの父親は船乗りだったが、心臓が弱かったために経済的にも厳しく、むしろ母親が働いて一家を支えていた一面もあった。それだけに母は気丈な人だったようだ。

「当時は義母と一緒に住んでいましたが、義母は気が強い人で、私がお父さんとベタベタしたり、余計なことを言ったりするとすぐ口を挟んでくるので、ほんとに気を遣いながら会話をしていましたね。ところが、震災の二年ほど前に認知症になって施設に入所したんです。できるだけデイサービスを使って家で見るようにしたのですが、徘徊《はいかい》がひどくなったのでグループホームに入れました。でも義母はすぐ馴染《なじ》んでくれて、家にいるより楽しそうにしていました。

義母には申し訳ないのですが、新婚以来、このとき初めて二人だけの、気を遣わない生活をさせていただきました。中年になってやっと実現した新婚生活です。気兼ねなく話ができるし、お父さんも甘えることが多く、食べたいときに食べて、茶の間でゴロゴロしたのもそのときが初めてです。

私は要領が悪く、帰ってくるのも遅いから、お父さんがご飯を作って待ってくれているんです。缶ビールを一本、お父さんがひとくち飲んで、後は私が全部飲んでいました。本当にのんびりした時間でしたね。お父さんは甘いものが好きで、震災前もケーキなんか買ってきて、夜二人で食べながら『おいしいね』とか『幸せだね』なんて話をしていたんです。夢のような生活でした。新婚旅行を除いて、初めて二人で青森へ一泊旅行をしたのもその頃です。温泉宿に泊まって、すごい楽しかったたし、すごい嬉しかった。あれが最初で最後の、夫婦水入らずの旅行でした。

ところが、震災の半年ほど前から『おれ、やることとやったたし、幸せだったから明日死んでもいいと思うんだよ』なんて言い始めたんです。五回も六回も言っていました。

『なんでそんなこと言うの。私たち、これからなのに……』

『そうなんだけど、なんかそう思うんだよなぁ』

私は面白くなくてぶつぶつ文句を言っていましたが、今から考えると、あれはメッセージだったのかもしれませんね」

菅野佳代子さんの家族

菅野さんが不思議な体験をするのは、震災から一ヵ月ほど経った四月七日、夜に大きな余震があった日だった。

「亡くなっても、ずっとお父さんに見つめられている感じがして、誰彼なしに『まだお父さんはそばにいる』って言ってたんです。でも、やっぱり一人になると寂しくて、お骨《こつ》になったお父さんを見ては泣いていました。魂はお骨の中だけにあるんじゃないと思いながら、やっぱりお骨があると、お父さんがそばにいる感じがするんです。

当時は妹の家にいたのですが、あれはマグニチュード七以上の余震があった四月七日の夜です。一気に停電になり、家の中も外も真っ暗でした。

喉元《のどもと》を過ぎればと言いますが、本当は枕元に懐中電灯を置くべきなのに、電気が通うようになるとつい忘れていました。部屋の中は真っ暗で、お骨の前に置いていた花瓶もひっくり返って、家の中は足の踏み場もないほどグジャグジャ。『どうしよう、どうしよう』と動転していたら、お骨の前に置いていた携帯電話が突然光り出したんです。

この携帯は震災の二年前に買った折り畳み式で、お父さんのポケットに入っていたものです。海水に浸かって砂だらけで電源も入らず、かといって充電もできないからお骨の前に置いていたんです。だから光るはずがないんです。それが光ったの。それも普通の明るさじゃない。妹たちが見ている前で、ピカピカって点滅するみたいにものすごく明るく光りました。

『あ、お父さんだ！』

私はすぐその携帯で足元を照らすと、懐中電灯のあるところへ走りました。

携帯は約二分から三分ほど光っていたでしょうか。妹も驚き、

『姉ちゃん！　ほんとに誠さん、心配でそばにいたんだね』

妹と二人で声をあげて泣きました」

それから十日ほどして、菅野さんは交通事故を起こして生死の境をさ迷う。この事故で菅野さんは片腕を失い、現在、右手は義手である。

「あの頃は天井ぐらいの高さから、いつもお父さんに見守られている感じがしましたね。心配しながら私を見ている感じが伝わってくるんです。それはそれで嬉しかったのですが、世話になっている妹の家に戻っても、『お父さん、あのね』って語りかける相手がいません。真っ暗な部屋の中で、やっぱり自分一人で生きていかないとダメなんかなと思うと、つらくて涙があふれてくるんです。夜はずっと泣いていました。

夫がお骨になり、何もかもなくなって別世界に放り込まれた気分でした。悲しみというより、現実を受け入れられないというか、地に足がついていないんです。家に帰るとどうしていいかわからず、ときどきお父さんの骨壺を開けて話しかけていました。するとまた涙があふれてきて眠れないんです。けっこう遅くまで起きているのに、非常事態だから仕事は休めません。当時はうちの居宅事業所で三十人以上の方が亡くなっていて、お父さんが見つかった後も、その方たちを捜し回っていました。通常の訪問以外に、各遺体安置所を回って行方不明の方を捜したり、建物の片づけをしたり……。寝る時間も三時間ほどでした。昼間はどうにか仕事ができても、夜遅く帰ると涙が出てくるんです。今考えるとギリギリ生きていたような感じでした。睡眠不足で疲れていたのでしょうね。あれは四月十八日、車で一人暮らしの利用者の家に行く途中でした。何の曲か忘れたのですが、少し前までラジオから流れてくる音楽を聴きながら泣いていました。あっと思ったら車の左側を橋の欄干《らんかん》にぶつけていたんです。乗っていたのが軽自動車ですから、その拍子に右斜めに傾いたまま、橋の上をズルズルと滑《すべ》っていきました。右腕を挟まれて車から出られない。痛くて、挟まれた腕を見たらボロボロでした。

そのとき、オイルが漏《も》れて臭《にお》いがパッと広がりました。派手な事故だったから人がけっこう集まっていましたね。

『気をつけろ、オイル漏れてるぞ』

誰かがそう叫んでいるのが聞こえてきましたが、身動きができず、『ああ、このまま死ぬのかなあ。お父さんとこに逝くんだったらそれでもいいか』なんて考えていたんです。

当時は死ぬこともできず、かといって頑張って生きようとも思いませんでした。死ぬことも生きることも等価だったんです。一人ではもう生きられないから、迎えに来てくれるんだったら早く来て、という感じでした。死ぬのはいいけど、燃えて死ぬのはちょっと嫌だな、なんて思いながら、『これでお父さんのそばに逝けるんだ』と覚悟しました。

そしたら、消防隊員に助け出されたんです。でも、右腕は壊死《えし》状態になり、一週間後に切断することになりました。私の勝手な解釈だと、お父さんは私を一人にしたら心配だから連れて行きたいけど、そうするとばあちゃんや子供が困るから連れて行けない。だから助けたものの、寂しいから右手だけ持っていったのかな、と」

菅野さんは、この事故で七ヵ月の入院生活を余儀なくされた。三度の手術の後、義手を使う訓練と筋肉をつけるためのリハビリに三ヵ月入院。退院したのは十一月だった。

それまで菅野さんは、周囲から「納骨しないと成仏できない」と言われても、できることなら一生そばに置いておきたいと思い、「絶対に納骨はしない」と言い張った。それが、「被災地とは別世界のような盛岡でリハビリをしているうちに、お父さんの魂はお骨じゃないんだと思えるようになった」そうで、退院すると十二月に葬式をあげ、納骨もすませた。そのとき、菅野さんの右手の骨も一緒に納めたという。

僕が「寂しくなかったんですか」とたずねると、菅野さんは「そうなの」と言いつつ、それほど残念がっている様子でもない。

「入院中は夢でもいいから出てくれないかなと思っていたのに、ぜんぜん出てくれません。退院後はお骨が消えてしまったので、毎日のようにお墓で泣いていました。ところが、二〇一三年八月に仮設住宅に入ると、突然お父さんが夢に出るようになったんですよ。震災前のように、私と二人っきりになりたかったのかしら（笑）。

最初はパイプオルガンがある教会で、お父さんが、前の市長さんや津波で亡くなった人たちと並んでニコニコ笑っていました。声はなかったんですが、私が『みんな一緒だからいいね』って声をかけていました。

ちょっと恥ずかしいのですが、私の夢ってすごくリアルなんです。カラーだし、音が出ることも多く、４Ｋテレビのように映像がはっきりしているから、夢を見ていながら、夢だとわからないときもあって、夢の中で現実だと錯覚してしまうんです。

夢の中でお父さんにぐっと手を握られたりハグされたりするでしょ？　お父さんの手は大きくて温かいんですよ。私は末端肥大症だって言ってたほどです。そんな大きな手の感覚とか、関節の太さとか温もりとかが目醒めた後もリアルに残っているんです。そんな夢を何回も見ました。

もちろんそんなときは嬉しいし、目が醒めたあと、ああ、そばにいてくれたんだ、やっぱり来てたんだ、来てくれてよかったなぁと呟《つぶや》きながら、一人で喜んでいます。同じ場面の夢をよく見ますが、やっぱりお父さんが出てくる夢が一番リアルですね。

先日見た夢もリアルでした。

仮設住宅は狭くて、ちっちゃい洋服ダンスの上に仏壇を置いているのですが、お父さんは花が好きだったから、花の水は毎日取り替えていたのに、ご飯は毎日取り替えなかったんです。そしたらお父さんが夢に出てきました。津波で流される前の家で、子供たちもまだ小さかった頃です。『ただいま』って帰ってきたので、『ご飯、食べたの』って訊いたら、

『食べてないんですけど』

『ええ、食べてないの？』

私が声をあげると、『腹減ってんですけど』と恨めしそうに言うんです。『あ、そう、ごめん

ごめん』って私が謝ったところで目が醒めました。夢から醒めると『あ、ご飯、ちゃんとあげてないからお腹が空いてんだ』と思い、ご飯も毎日取り替えるようにしました。それからその夢は見なくなりましたね。

現実にはこの世にお父さんはいないんだけど、仮設住宅で私は今もお父さんと二人っきりで生活している気がします。だからいつも話しかけるんです。『お父さん、ただいま』『お父さん、あのね――』って」

二〇一一年三月十一日のあの日から、年月を経るごとに私たちの意識が震災から遠ざかっていく。しかし菅野さんは「三年経っても五年経っても、家族を喪ったということではずっと同じなんです」と言う。大切な人を喪った遺族には、震災は永遠に終わらないのかもしれない。

菅野さんは、三人の子供たちも独立したのだから、陸前高田に小さな家を建てて余生を過ごすつもりでいた。ところが、書類と一緒に、誠さんが手描きで描いた家の図面が発見されたことが、菅野さんの気持ちを大きく変えた。図面を見ているうちに、同じような家を建てたくなったのだという。

「建設資金はお父さんが残したお金だし、無駄だと思われるかもしれないけど、お父さんの存在を残したいんです。完成したとき『やっぱり誠さんの家だ』と思われたいな……」

菅野さんははにかむように言った。

その家は、震災から四年経ってようやく完成した。一人住まいを考えると、分不相応な家である。それでも菅野さんはこの家に満足している。居間の壁には地元の画家に描いてもらったという誠さんの等身大の肖像画も掲げられていた。この家にいる菅野さんは、まるで誠さんの大きな胸に抱かれているようだった。

13 深夜にノックした父と死の「お知らせ」

三浦幸治さんと村上貞子さんの体験

被災地の不思議な体験で圧倒的に多いのが、亡くなった家族や恋人が夢にあらわれるという現象である。それも菅野さんのようにリアルでカラーの夢が多く、夢からなんらかのメッセージを受け取る人も少なくない。次に多いのは「お知らせ」といわれるものだ。死の直前に、すでに亡くなった方があらわれたりする「お迎え」現象を取材すると、「亡くなった時間に、お別れの挨拶に来た」といった証言が少なからずある。それも時間を決めたように複数の人が同時に体験するのだ。これを「お知らせ」というが、今回の震災でも、故人から「お知らせ」を受け取った方は少なくなかった。気仙沼の三浦幸治さんと村上貞子さんもそうだ。

まずは三浦幸治さん（50）から話をうかがう。幸治さんは「アーバン」という式場運営会社の葬祭ディレクターである。「アーバン」は先に訪ねた阿部秀子さんの自宅にも近く、気仙沼の市街地から五キロほど南の高台にある。ちなみに葬祭ディレクターというのは厚生労働省が認定した資格のことだ。

「地震があったとき、私は気仙沼の田中前というところで電話をしていました。突然、道路が波を打ち、電柱が右へ左へと振れて、世界中がひっくり返るんじゃないかと思うほど揺れたんです。これはすごいぞ、すぐ仕事場に戻らなくちゃと思って車を走らせました。勤務先の葬祭場に戻る途中にわが家があるものですから、とりあえず様子を見に行き、家から飛び出してきた女房に『家は大丈夫か』と訊くと、『大丈夫、大丈夫』と言うのでそのまま会社へ戻りました。普通はバイパスを通るのですが、山側の道を通ったものですから津波を見ていません。

会社に戻ると、建物の中はガチャガチャでした。

その日はお通夜が二件あり、お客さんもたくさんいました。寒い日でした。非常灯は三十分しか持たないので、とりあえず駐車場から送迎バスを移動させ、そのバスにお客さんを乗せて暖をとらせました。

従業員も不安だったのでしょう。みんな帰りたがったのですが、『絶対にダメだ。恨まれても今は帰さない』と押し止めました。『津波はもう来てるかもしれないし、帰る途中で遭うかもしれない。二時間経つと落ち着くと思う。それまでここにいてほしい』

実はその三年前に、来たるべき宮城沖地震に備え、津波を想定した準備をしようと、会社に提案したことがありました。その結果、自衛隊は来るけど、それまで自分たちでなんとかしないといけないということで、食べ物や水など一週間は耐えられるように準備しました。そのとき読んだ本に『今、安全な所にいる場合は、安全な所にとどまるべし』と書かれていたのを思い出したのです。海沿いであれば高台に逃げたほうがいいが、高台にいたら動いては駄目だと。ここは高台です。だから動いては駄目だ、連絡がとれて現状がわかるまでここで待ちましょうと説得しました。

葬儀屋ですから、ロウソクは山ほどあります。停電していますから、暗闇になるまでにあるだけのロウソクを倉庫から出してきました。サイレンは鳴りっぱなしで、途中まで様子を見に行ったのですが、行くに行けなくて事情を聞くと、すぐそこまで津波が来たらしいということがわかったんです。ラジオで道路が寸断されていることも知り、泊まる人はここに泊まるように指示しました。

実はこの津波で、私の父、信一（享年80歳）が亡くなっていたのですが、お客さんのことや従業員の家族の安否を気にしながら仕事に明け暮れていたのでわかりませんでした。というより、実家は唐桑《からくわ》というところの高台にあったので、津波のことはそれほど心配してなかったのだと思います。

あの大震災で、各小学校などに安置所が置かれたのですが、病気で亡くなった人はこの安置所で受け入れてもらえないので、この建物内には常時四、五十体のご遺体が安置されていました。当時は火葬まで二、三週間もかかり、高額の安置料を請求するあこぎな葬儀屋さんもありましたが、うちは一切請求せず、棺などは国から支給されたので、ご遺族に請求したのは花代、お菓子、果物などの代金だけです。それはともかく、四、五十体も安置されているので、私も社員も不眠不休で倒れる寸前でした。私も五月末には疲れ果て、祭壇の脇から転《ころ》げ落ちて左足を骨折したのに、病院に行く暇もなく、晒《さらし》で縛って仕事をしていました。骨折だとわかっても、入院を断って松葉づえで現場に出ていたほどです」

人前でしゃべることに慣れているのだろう。三浦さんは整然と、ゆっくりと落ち着いた口調で語った。三浦さんに会ったのは、「アーバン」の控室である。喪服をきた遺族がその部屋を出たり入ったりで、そのたびに僕のまわりは線香の匂いに包まれる。

「実家を見に行ったのは三月の十五日か十六日です。それまで道路が寸断されていて動くに動けなかったのですが、ようやく通れるようになったと聞き、休みをもらって様子を見に行きました。実家に戻ると、おふくろが茶の間の掘り炬燵《ごたつ》でぽつんと一人で座り、背を丸めてぼんやりしているのです。灯《あか》りがないから、聞こえてくるのは風の音だけです。

『おやじはどこに行った？』

『どこかに出かけて帰ってこない』

放心したような顔で言います。

『帰ってこないってどこに行ったんだよ、こんなときに』

『あの日から出かけて帰ってこないんだ』

おふくろはそう言った途端、泣き崩れました。

電気も水道も止まる中で一人我慢してたんだなと思い、おふくろを車に乗せて市内にある私の家に連れてきました。

おふくろが言うには、父は三月十一日の朝、弁天町の病院と魚町《さかなまち》の歯科医院に行ってからちょっと回るところがあると出かけたようです。しかし、弁天町も魚町も、建物という建物がすっかり流されています。そこで、仙台にいる弟にも手伝ってもらい、一緒に避難所を探し廻りました。仕事柄、ご遺体はどこに集まってどこへ搬送されるかわかります。しかし、一向に見つからないのです。

三月二十八日は父の誕生日です。その日は五時頃うちに帰り、お酒が好きだった父のために、陰膳にコップ酒一杯とつまみ代わりに鯖缶《さばかん》を置き、『おやじ、どこに行ったんだろうなあ』と言いながら、

『八十一歳の誕生日だな、おめでとうなあ』

なんて祝っていました」

不思議なことが起こったのは、日が変わった深夜の二時過ぎだったという。

「すでに寝床に入っていたのですが、玄関をドンドンと叩く音があったのです。正確な時間はわかりませんが、おそらく五、六秒でしょう。その頃はイタズラも多く、物騒だったもんで、『誰だ！』と怒鳴って開けたのですが、誰もいません。ドアの外は逃げ隠れするところが

なく、逃げる足音がするはずなのにそれもないのです。『あれ、おかしいなあ』と思いながら布団に戻ったら、十分もしないうちにまたドンドンドンと叩くのです。

ひょっとしてと思ってまたドアを開けたけど、やはり誰もいない。そのとき、『あ、おやじだ！』と、すぐピンときました。なぜわかったのかって？　どう説明していいのか、父だということがストンと頭の中に入ってきたんです。私だけじゃなくて女房も、『来たわね、じいちゃんかな』と言ったのを覚えています。

当時はもう電話も繋がっていたので、次の朝、叔父から電話がありました。『おまえのお父さん見つかったぞ。南町のバス案内所の近くだ』

父は車の運転ができないので、移動にはバスを使っていました。そのバス案内所の近くの瓦礫の下で見つかったんです。おそらくバスを待っていたのでしょう。

連絡は二十九日の朝でしたが、発見されたのは二十八日です。まさか誕生日に発見されるなんて……。

父は茶色っぽい縞《しま》のポロシャツの上にジャンパーを着ていました。泥をかぶっていましたが、綺麗な体でしたね。

四月六日に葬儀をしましたが、兄や親戚の叔母たちに私の体験を話すと、同じような体験をした人が何人もいたのです。

『え！　おばちゃんとこにも来たの？』

『来た来た』

『何時ごろ？』

『二時頃。夢に出てきて、迷惑をかけるなぁって言ってたよ』

『うちにも来たよ』

『やっぱり二時頃？』

『ああ、その頃だ』

東京にいる兄も千葉の叔母さんも、同じ時間に玄関を叩く音で目が醒めたそうです。私が親しかった叔母さんにはちゃんと挨拶をしたそうですが、それも二時だったとか。不思議な体験が、みんな同じ時間に起きているんです。

葬儀のこの日、なんとティッシュペーパーやトイレットペーパー、猫の餌《えさ》なんかが宅配で届けられたんです。

『誰だ、こんな日に荷物なんか送ったのは！』

『差出人はおやじだよ』

発送は三月十一日の日付でした。病院で診察してもらったあと、いつも買い物をするのですが、あの日は地震の前にドラッグストアでいろいろ買って送ってもらったようです。そのドラッグストアは津波で流されたのですが、おそらくその直前に集荷されたのでしょうね。不思議なことだらけです」

震災の年の二月、三浦さんの当時小学三年生の娘さんが書いた『お父さんの仕事』という作文が第四十七回全国児童才能開発コンテストで文部科学大臣賞に選ばれた。たまたま曾祖父が亡くなってその葬儀を担当した父の姿を見て、父の仕事を理解すると同時に尊敬の思いを強くしたという作文である。信一さんは喜んでくれ、娘さんの誕生日が三月二十六日で信一さんは三月二十八日だから、そのあたりにみんなで温泉に行く約束をした。それができなかったことが心残りだったのかもしれないと、三浦さんは思っている。

「私は男だけの四人兄弟の三番目でした。

父親は船乗りで、マグロ船に乗っていましたので、めったに家に帰ってきません。長い航海だと半年とか一年に一回です。私が小学校に入る頃は近海でしたが、それでも帰るのは三ヵ月から四ヵ月おきでした。夏場はたいていドックに船を入れるので、一ヵ月ほど家にいるときもあるのですが、通常なら早ければ十日から二週間で海に出ます。四十日航海だと家にいるのは三、四日です。そんなわけで、父は運動会も学芸会も、もちろん授業参観にも来たことがありません。航海中にたまに電報をもらうぐらいですね。衛星中継の電話もあったのですが、当時は一分何万円の世界でしたから、『みんな元気か』と言われたら、代われ代われと、弟たちとひと言ずつ交代で言葉を交わす程度です。その横で母が『すぐ切りなさい。高いんだから』ってハラハラしてるんです。

でも父が家に帰ると、小さな船に乗せてもらって一緒に釣りに出かけたりしました。私がむずかると、『どこかに行くか』って、父がいつも行く鳴子温泉に連れて行ってくれるんです。そこで三日か四日泊まってくるのですが、温泉で潜《もぐ》って、すっかり湯あたりしたことを今も覚えています。

あの頃は祖父母と一緒に暮らしていましてね。うちは兼業農家でしたから、小さいときは畑仕事をよく手伝わされました。畑仕事が終わると、冬なら、母とじいちゃんが船に乗って牡蠣やウニやアワビを獲りに行くんです。じいちゃんは厳しくてね、悪さをすると家の脇にあった大きな杉の木に縛られましたよ。母は海べりの育ちのせいか、負けん気が強くてよく叱《しか》られましたが、父にだけは叱られた記憶がないんです。

あれは高校を卒業するときでした。他の兄弟と違って親に進路の相談もしないものだから、親から『どうするんだ』と訊かれたことがありました。当時はコネ社会ですから、親戚や親の知人が役場や銀行なんかを紹介してくれるんですが、ことごとく断っていたんです。だから親も心配していたんでしょうね。でもそのとき、

『大学に行く気はない。高校卒業して、一回、バイクで北海道を回ってくるわ。就職はするけど、その金を貯めるための就職で、北海道から帰ったらもう一度考える』

なんて生意気なことを言って、北海道から帰ると、家を出てアパートを借り、一人暮らしを

始めたんです。そんな身勝手なことをしても、父は一度も文句を言ったことがないんです。そんな父に、今も感謝しています」

三浦さんはあの震災で、一千体近く納棺をしたという。遺体の多くは、ひと言で表現すれば「ムンクの叫び」だったそうだ。

「手も顔も歪《ゆが》み、叫び声をあげているような表情で硬直していました。ご遺体は何か訴えたいんだと思わずにはいられません。納棺作業は本当に心が折れそうでしたが、あの津波に流される瞬間、おそらく誰もが、それまで心を通わせた相手に何かを伝えたかったに違いないのです。気がつかない人もいるでしょうが、何を伝えたかったのか、耳を澄《す》ませて聞いてあげてほしいですね」

◇

村上貞子さん（69）の家は、気仙沼市の東にある唐桑半島にある。地形は厳しく、山がなだれ落ちるように海にそそいでいた。目の前は海だが、建物は高台にあって津波の影響はまったくなかったそうである。

「ここはカツオやマグロで有名な土地なんですよ。昔は目の前の海にもカツオ船がいっぱいあって、それは賑やかでした。だから浜のほうは裕福でしたけど、山のほうは土地がないからそうでもなかったわね」

村上さんはお茶の用意をしながら僕に話しかける。初対面なのに、もう何度も会っているような雰囲気になるのは、貞子さんの性格ゆえだろう。

「マグロ船で大儲《おおもう》けした船主の奥さんが遊び半分でバーをやったり、旦那さんが日本舞踊のお師匠さんに惚《ほ》れ込んで大騒ぎになったり、いろいろロマンスがあったんです」

ここは鮪立《シビタチ》という集落である。「シビ」というのはマグロの古語だという。その昔、目の前の湾に、マグロがイワシを追いかけて集まったのだろうか。このあたりは、紀州の漁師が伝えたカツオの一本釣りが盛んな土地で、マグロは近海で獲る程度だった。ところが戦後、カツオ漁からマグロのはえ縄漁に変わり、大型船による遠洋漁業が始まると巨額の富を築く分限《ぶげん》があらわれた。船主は「旦那様」と呼ばれたという。昭和四十年代から五十年代にかけて、彼らは神社仏閣のような豪壮《ごうそう》な家を建てたが、これが「唐桑御殿」である。村上家も入母屋造《いりもやづく》りではないが、実に瀟洒《しょうしゃ》な建物である。おそらく気仙大工に建てさせたのだろう、曲線を描きながら崖にそって建てられたその家は、まるで別荘のようだ。そういえば貞子さんのご主人の治憲さんも船乗りで、マグロ船には約十年乗ったという。

「先日、唐桑でマグロ船に乗っていた三浦さんという方の息子さんを取材しました。津波で亡くなったそうです」

貞子さんと雑談しながら、僕はそんなことを言った。

「へえ、そうですか」、貞子さんはのんびりとお茶を淹れながら聞いていた。

「気仙沼の病院に行った帰りに流されたとか」

　僕がそう言った瞬間、貞子さんの顔色が変わった。

「三浦さん？　どういう人ですか。もしや私の兄ではないですか。誰からお聞きになったんですか」

　矢継《やつ》ぎ早《ばや》に問いかける。

「息子さんはアーバンというところにお勤めになっている方です」

「ああ、それじゃ、うちの兄です。一番上の兄です。なんて偶然なの。まるで兄がこの人を連れてきたみたい」

　実は貞子さんと三浦幸治さんの二人は、大船渡の小山圭璋《けいしょう》さんというお坊さんから紹介されたのだが、二人が血縁関係にあることは小山さんも知らなかったという。

　村上貞子さんのインタビューはこうして始まった。

「兄が見つかる前の二晩、私は夢で兄の姿を見せられたんです。兄は夢の中で、私が何年か前にプレゼントした茶色とグレーと黒が縞になったポロシャツを着て立っていました。私が『あら、お兄さん』と言うと、すーっと消えるんです。二回目の夢も同じでした。笑うでもなし、泣くでもなし、普通の顔でした。ただしゃべらないんです。黙って立っているだけ。何か伝えようとしたんでしょうね」

　偶然すぎる出来事に、貞子さんは興奮したのか早口でまくしたてた。僕は「まあまあ」と手で押さえる真似をしながら、震災のときから順番に話をしてくださいと言った。

「震災の日は、私も主人もここにいなかったんですよ。私は気仙沼市内でお茶のお稽古《けいこ》があり、終わったあとすぐバスで帰るはずでしたが、冬のズボンがほしくてお店に立ち寄ったんです。その直後にあの地震がありました。ひどい揺れに、これは大変だ、大きな津波が来ると言いながら、気が動転したのか、お客さんが怪我したらと思って、店の人から箒《ほうき》とちり取りを借りて店の庭先を掃除していたんです。

そのうち『津波が来ますから高台に避難してください』と放送がありました。鹿折にいる八十一歳の姉が心配なものだから、とりあえず様子を見に行こうとしたんです。ところが、途中で茶色っぽい波が海岸線と平行に押し寄せてくるのが見えたんです。のちに陸《おか》に打ち上げられる、あの大きな共徳丸もドンドコ流れてきました。燃えた船もぐるぐる回りながら流されてくるんです。怖くて怖くて、体が震えていました。あのときの光景を思い出すと今でも震えます。

その晩は従妹の家に泊まったのですが、夜が明けてくると、海岸の方で唸《うな》り声がするんですよ。『助けてけろ』とか『う〜ん、う〜ん』とか。嫌だな、うちの身内じゃないだろうなと思いながら、どうにもできないのですから耳を塞《ふさ》ぐしかありません。

朝になったらすぐ上の兄が迎えに来たので、お父さん（治憲さん）がいる親戚の家に行きましたが、私たち以外にも十人ほど泊まっていましたね。

市民会館の前で水をもらおうと並んでいたら、後ろにいる女の子が『鮪立、全滅だってよ』

と言うんです。私が『え！　私も鮪立だよ』と叫んだら、『おばさんの家も駄目だよ』って……。私は腰が抜けてしまいました」

貞子さんは、語るたびに当時の情況がよみがえってくるらしく、たびたび喉《のど》が渇《かわ》いたと言ってキッチンへ立った。

「三日目にやっと唐桑にたどり着いて、わが家が無事なのを見たときは思わず泣いてしまいました。

それからです。義理の姉が『お父さんが帰ってこない』と言うんです。当日、兄は病院に行くって出かけたそうです。ポロシャツにジャンパーを着て、ショルダーバッグを持った姿がバス停で目撃されています。みんなであちこち探しました。当時は車では行けないものだから、全部歩いて回りましたね。それでも見つからないので、『三浦信一というのが行方不明なので捜索をお願いします』と警察に届けたんです。

お巡りさんから電話が来たのが三月二十九日。遺体が見つかりましたから、確認にいらしてくださいと言われて行ったのですが、兄を見た途端、本当にびっくりしました。あの茶色とグレーと黒の縞のポロシャツを着ていたんです。

『ああ、お兄さん、私のプレゼントした服を着ている』

私は思わず叫びました。夢に出てきた姿そのままだったんですよ」

貞子さんも三浦幸治さんと同じで、信一さんから可愛がってもらったという。

「私は七人きょうだいの末っ子でしてね。女が四人で男は三人。亡くなった兄は長男なんです。震災当時、私は六十六歳で、兄とは十四歳違っていました。父親みたいだから、すごく可愛がられたんですよ。兄から怒られたことがないですね。兄は私にとって、やさしい父親のような存在でした。

私のすぐ上に三つ上の姉がいるんですが、その姉よりも可愛がってくれました。マグロ船に乗ってたもんだから、港に入ると必ずお土産を買ってくるんです。かわいい帽子や靴なんかもよく買ってきてくれました。一番の思い出は、お茶碗を伏せたような形をして、ふさふさした毛がついた素敵な帽子です。姉には買ってこないで、私にだけ買ってきてくれるもんだから、あとでつねられたり、足で蹴《け》られたりで大変でした。

私と二人で撮った写真もあるんです。恰好いい兄でしたね。私が言うのもヘンですが、すごくモテたと思います。

私が高校を卒業して衣料品店に勤め始めた頃です。当時のこのあたりはみんな船で移動していて、お客さんが買った荷物は、お客さんが乗る定期船に配達していました。そのとき、偶然、兄と会ったんです。

『おまえ、小遣《こづか》いないいんだべ』

そう言ってお金をくれようとするから、『お兄さん、私もう働いているから』って断ったたんです。それなのに『いや、そうじゃないよ』って、無理やり握らせるんですよ。お金がないのに、気《き》っ風《ぷ》だけはいいもんだから、兄はいつも貧乏していました」

気仙沼はリアス式の海岸が入り組んだ地形だから、移動には陸路よりも船のほうが便利だった。最近まで、唐桑と気仙沼港の間に定期船が走っていて、学校に通うにも病院に行くにも飲みに行くにも、すべてこの船を利用したという。

三浦信一さん

「兄はマグロ船に乗っていましたが、最初は通信長だったんです。私らは〝局長〟と呼んでいました。しばらくして『俺は船頭になる』って母親に言ったんです。船頭は男のロマンなんでしょうかね。でも、母親は『船頭は責任が重いんだからね。船主に申し訳ないから、いまのまま局長でいいんだよ』って反対したんです。だけど兄は『男の意地だから』とか言って、結局、船頭になったんです。

船頭は、乗組員が辞めたら、代わりの乗組員を自分で探さないといけない。そのために身銭《みぜに》を切って手土産を買ったり、ないお金をはたいて、準備金とか言いながら小遣いを渡すんです。兄はそんな苦労をしてお金を稼いでいたんです。だから、そんなに裕福じゃなかったはずですよ。それなのに見栄《みえ》っ張《ぱ》りで、私には必ず小遣いをくれるんです。

兄はすぐ『大丈夫、大丈夫』と言う人でした。『危ないから気をつけて』と言っても、『貞子や、心配ねえから、大丈夫だよ』って言うんです。そのくせ、ケガしたり、病気で休んだりする。震災のときもきっと逃げ遅れたんだと思うんですよ。

最初の奥さんが第一子を妊娠したとき、奥さんを助けるか、子供を助けるかと選択を迫られて、結局、奥さんが亡くなりました。兄にはそんな悲しい経験があるんです。そんなことを思い出すと、つらかったろうなあ、どういう思いで亡くなったんだろうと胸が締めつけられます。あれ以来、兄の夢を見ていません。きっと成仏したから、出る必要もなくなったんじゃないでしょうか」

三浦幸治さんだけでなく、村上貞子さんにも聞けと、何か見えない力が僕を引き合わせたのだろうか。あるいは、単なる偶然なのだろうか。でも僕は、何かがそうさせたと信じたい。

14 《一番列車が参ります》と響くアナウンス

今野伸一さんと奈保子さんの体験

大都市の移動手段はより便利になり、地方都市はより不便になっていく。気仙沼から石巻まで公共交通機関で移動するとなれば、ＢＲＴで行くか一ノ関から仙台経由で行くかだが、どちらにしてもかなりの時間をくってしまう。僕は迷った末に、レンタカーでそのまま石巻に向かうことにした。

僕が会おうとしているのは今野伸一・奈保子さん夫婦だ。彼らには二人の息子がいた。震災当時、長男の広夢《ひろむ》くんは大川小学校二年生、次男の莉希《りき》くんは幼稚園児だった。亡くなったのは兄の広夢くんである。あの津波で、大川小学校は全校児童百八人のうち七十四人が死亡・行方不明となる大惨事になったが、広夢くんもその一人だった。先に紹介した永沼琴くんとも親しかったという。

僕が奈保子さんに初めて会ったのは二〇一五年七月である。震災の年に僕は、不安の中で暮らしている被災地の子供たちに、沖縄の伊江島で十二日間過ごすことで活力を取り戻してもらおうと、「ティーダキッズプロジェクト」という活動組織を立ち上げた。「ティーダ」というのは沖縄方言で太陽のことだ。まさしく太陽の下で思いっきり羽を伸ばしてもらうという趣旨で、一切のスケジュールは伊江島の受け入れ家庭に任せた。その話を聞いて参加したのが莉希くんである。沖縄に滞在中、子供たちのサポート役として奈保子さんにも同行してもらったのだが、初めて会ったときの印象はとても暗く、目の前に崖でもあれば飛び込むんじゃないかと思ったほどだ。のちに奈保子さんも「あのときはずっと落ち込んでいて、身も心もボロボロでした。必死の思いで生きてきたけど、震災から四年経って疲れ果てたんです」と語っている。

ところが、伊江島で一週間も過ごすと「それまで人に会うのも嫌だったのに、体が軽くなって別世界にいるみたい」とすっかり明るくなっていた。島を離れる日が近づいても、このまま一人で残ろうかと考えていたほどだ。奈保子さんだけではない。莉希くんもそうだ。あれほど運動が嫌いで家の中に閉じこもっていたのに、石巻に戻ってくると、地元のマラソン大会に参加し、テレビ局のインタビューを受けるという、信じられないことが起こったのだ。

その年の秋だっただろうか、僕は、もし身の回りで不思議な体験をした人たちがいたら紹介してほしいとお願いしていたところ、数日後に「紹介できる人はいないけど、私の体験ではどうですか」と連絡があった。こうして僕は、奈保子さん一家とたびたび会うことになったのである。

僕が今野家を訪ねたその日、三人の家族は熱心にテレビを見つめていた。今野伸一さん(40)、奈保子さん(34)、そして次男で小学四年生の莉希くん(10)だ。画面では五、六歳の男の子がマイクを握り、無我夢中でEXILE《エグザイル》を熱唱している。周りから笑い声や拍手が聞こえても意に介さず、歌うことに没頭していた。歌っているのは、津波で亡くなった長男の広夢くんである。

「人見知りしない子だったんです」と伸一さんは言う。「俺の友達が家に来ると、初対面なのに『おじさん、遊ぼう』って言える子でした。莉希はその反対で、お兄ちゃんの陰に隠れて逃げていました」

今野広夢くん（右）と莉希くん

ずいぶん前のビデオだが、徐々に心の整理がついてきて、最近ようやく見ることができるようになったと、奈保子さんは言った。

「ビデオに映っている場所は震災で流された私の実家なんです。広夢はいつも車の中で大熱唱していたんですが、実家に泊まったとき、みんなにお披露目しようということで歌ったんです。このときはまだ幼稚園児でした。カラオケが大好きで、弟の莉希と三歳違いなんですが、莉希は『津軽海峡・冬景色』とか歌謡曲が好きなのに、広夢は流行のJポップを好んで歌っていました……。懐かしいなあ」

奈保子さんの声が次第に小さくなる。すると隣にいた伸一さんの動きが止まった。

「たまにこうして見ると、やっぱりあの頃に戻りたいなあって、今でもつくづく思いますね。生きていたら広夢も十三歳か……」

つぶやくように言った。

今野家は新築の匂いがした。今野さん夫婦は、震災前まで大川小学校の近くに住んでいたが、奈保子さんは長男を喪った土地からどうしても離れたかったという。奈保子さんの父親も津波で家を流され、仮設に住むのはどうかと迷っていたときだったので、それならと、思い切って震災から一年後に、三世代が住めるこの家を建てたそうだ。アプローチやフェンスなどの外構工事は、日曜大工で始めて今も進行中なのだという。

元々、今野さん夫婦が住んでいたのは伸一さんの実家で、築二百年という古い家屋だった。津波は庭まで到達したが建物への被害はなかったという。当時の奈保子さんは、実母と一緒に保険のセールスをしていて、あの日は地震の直前まで石巻市内の保険会社にいた。
「私は二時半に会社を出て内陸部のほうに向かったのですが、母は会社に残ると言ってたのに、一人で海岸のほうのお客さんの家に行ったみたいなんです。そこで地震があって、すぐ会社に戻ればよかったのに、お客さんが逃げるのを手伝ったりしたようで、帰る途中で渋滞に巻き込まれて車ごと流されました」

奈保子さんは、長男の広夢くんだけでなく母親も喪っていたのだ。

その日は伸一さんも市内で水道工事をしていたため、自宅に戻ろうにも電柱や瓦礫で道路が寸断され、車の中で一夜を明かすことになった。
「俺たちが住んでいた地区は津波で全部なくなったと聞いて、嘘だ嘘だと思いながら一晩明かしました。翌朝五時頃、やっと通れるようになったというので、急いで家に向かったのですが、地元の集落に近づくと、堤防は壊れているし、俺らが住んでいた辺りは水没しているんです。信じられなかったですね。でも自宅に戻ると、莉希が幼稚園のバスで帰っていたのでほっとしました。すぐ消防団の活動に加わったんですが、このときは、鉄筋コンクリートの校舎を呑み込むような波じゃないと思っていたので、広夢のことは心配していなかったんです。それに、自衛隊の人が大川小学校の子供たちをヘリで安全なところに運ぶと言っていたから、大丈夫だと信じていました。それが、いつまで経っても運ばれてこないので、あれ、おかしいと思い始めたんです。翌日、学校に行くとなんとなく様子が変なんです。一段高いところにブルーシートが並んでいて、そのシートをめくると、亡くなった子供たちが、まるで眠っているように横になっていました。正気ではいられなかったですね。でも、広夢はそこにいませんでした。

その後、俺らは行方不明の子供たちの救出活動に入ったのですが、気の遠くなるような作業でした。ただ、広夢に逢いたい、早く逢いたい、それだけを思いながら捜索していました。知っている子供たちが瓦礫の中に埋もれていたり、亡くなった子供たちを運び出したり、あれは本当につらかった。あんな活動はもう二度としたくないですね」

広夢くんがいなくなると、豹変《ひょうへん》したように大人びたのが弟の莉希くんだった。「まだ幼稚園に通っていたのに、突然しっかり者になって」と奈保子さんは言う。

「あの頃はまだロウソクや懐中電灯の生活だったから、ご飯を食べると寝るしかないんです。するとと莉希が『今日はトランプやりま〜す』とか言って、落ち込んでいた私たちを励ましてくれるんです。まるでお兄ちゃんが乗り移ったかのようでした。暗くて寒くて、本当につらい毎日で、莉希もつらかったはずなのに、小さいなりに私たちを慰めようとする。あのときの莉希は大人に見えました」

幼い子供なりにも家族を必死に支えようとしたのだろう。隣でそれを聞いていた莉希くんは「でへへへ」と照れ笑いしている。

広夢くんの遺体は四月八日に見つかった。

「一ヵ月経っていたけど、すごく綺麗でした。やっと広夢に逢えたな、ちっとも変わってないと思って……。でも目をつむったまま開かないから、やっぱりもう逢えないんだと……。次の日に化粧してもらったんだけども、亡くなってからだんだん変化して広夢じゃない顔になってきたので、早く火葬してあげなければと思ったんです」

ところが、納棺したものの、火葬場が見つからない。県内はもちろん山形から秋田まで電話で探し続けたと奈保子さんは言う。

「見つかったのはいいけど、子供が死んだことをまだ受け入れることができないのに、火葬場を自分で手配しないといけないというんです。一軒一軒電話しながら……。あれは悪夢でした。泣きたいのに泣けない。もう必死でした。どこも受け入れてくれなかったらどうしよう。もう、涙が止まらなくて、口から心臓が出てくるんじゃないかと思うくらいドキドキしていました」

「かわいそうでした」と伸一さん。

「かわいそすぎました」と奈保子さん。

「山形県の上山市《かみのやま》でやっと火葬場が見つかったんです。そこへ火葬の許可を取りに行ったら、なんとそばの公園にでっかいＳＬが置いてあるじゃないですか。なんだか広夢がここに来させたのかなと思うと、また涙が……」

伸一さんによれば、亡くなった広夢くんを一言であらわせば「鉄道オタク」だそうである。

「一歳のときに、イオンのおもちゃ売り場で展示されていたプラレールを見たのがきっかけで、ものすごく好きになったんです。なにしろ愛読書は鉄路の本と時刻表。小学生になると時刻表も読めるようになっていました」

広夢くんが一歳のときにプラレールに魅せられたように、莉希くんも一歳のときに、広夢くんが遊んでいるのを見てプラレールにのめり込んでいったという。

「学校から帰ってくると、ランドセルを放り投げて、莉希と夜まで遊んでいました。あの頃の莉希は、広夢のあとを追いかけて同じことをしゃべるので、やまびこのようでしたね。普段は仲がいいのですが、プラレールになると喧嘩になるんです」

奈保子さんが言えば、伸一さんも記憶をさぐるように言う。

「莉希はプラレールを改造したり、オリジナルの車両を作るのが好きなんですが、広夢はどちらかといえば知識派です。生きていれば相当な〝オタク〟になっていたでしょうね。

広夢がますます鉄道にのめり込んだきっかけは、『鉄子の旅』というアニメを見てからだなぁ。それにハマって、録画しては毎日毎日、ビデオが壊れるんじゃないかと思うほど見ていました。それもキャラクターの言葉を、一字一句覚えるように見るんです。それ以来、何かあれば家族で鉄道を見に行き、誕生日にプレゼントするのもプラレール。あの頃の家族は鉄道を中心に動いていましたね」

テレビの下に、鉄道関係の番組を録画したDVDがぎっしりと並べられていた。百枚以上はあるだろう。学校から帰ると、広夢くんは、自分で録画したこのDVDを何度も何度も繰り返し見ていたという。

震災後、つらく苦しかったことを一時でも忘れるときがあったとすれば、広夢くんと莉希くんが憧《あこが》れていた『鉄子の旅』の作者とスタッフが訪ねてきて、石巻を案内したことだという。それは原作漫画『新・鉄子の旅　第四集』の題材にもなり、今は莉希くんの宝物である。

「広夢が好きなのは寝台列車の北斗星でした。『大人になったら北斗星に乗って北海道に行くんだ』とよく言ってて、俺たちにも『北斗星で北海道に連れてってあげる』って。将来の夢は、新幹線のはやぶさの運転士になることでした。その影響か、莉希もはやぶさの運転士になることが夢です。親バカかもしれないけど、広夢は優しい子だったんです。ズルさがなかったんです。それなのに……」

伸一さんの言葉が途切れると、なんだか居心地《いごこち》の悪い沈黙が広がる。すると、莉希くんが気を利《き》かしたらしく、いつの間にかテレビの画面は録画した『鉄子の旅』に変わっていた。場の空気を読もうとするところは莉希くんの性格なのだろう。

「プラレールではよく喧嘩しましたが、それ以外はすごく仲良しでした。広夢のことが大好きで、広夢も莉希を大事にしていました。

あれは莉希が幼稚園に上がるときです。広夢はもう小学生だったのですが、幼稚園の運動会に家族で応援に行った帰りでした。帰ろうとすると広夢がいないんです。あちこち探したら、幼稚園の先生に『莉希ちゃんは僕の弟なんで、よろしくお願いします』って頭を下げているんです」と奈保子さんは言った。


玄関を入ると左手に、亡くなった広夢くんの仏壇が置かれた部屋がある。子供を喪った遺族のどこもそうだが、ここでも思い出の品が仏壇の周囲にあふれていた。縫いぐるみもあるが、圧倒的に多いのが鉄道グッズだ。鉄道の写真集やＳＬやトロッコ列車のＤＶＤ、プラレールやＳＬの記念プレート、広夢くんが撮った写真などが、まるで遊び道具のように広夢くんの写真を囲んでいた。

私が仏壇に手を合わせて立ち上がるのを待ちかねたように、莉希くんは僕を一階の別の部屋に案内してくれた。そこは六畳ほどの部屋で、プラレールのジオラマが部屋の半分を占領していた。現在、Ｎゲージのジオラマは、二階の莉希くんの部屋にある。

鉄道ファンのために、プラレール専用のマニアックなテレビ番組があるそうだが、震災後、莉希くんは、広夢くんが録画したそのビデオを見ながら、これらのジオラマを作り上げたのだという。震災前は、実家の十六畳の部屋いっぱい、プラレールだけでなく、Nゲージのジオラマも一緒に置かれていたというから、かなりの熱の入れようである。ちなみに、プラレールは、青いプラスチック製のレールの上を乾電池で列車を走らせる鉄道模型で、どちらかといえば子供向けだが、Nゲージはレールの間隔が九ミリで、実際の鉄道を百五十分の一（日本の場合）にした精巧な鉄道模型システムのことである。

この部屋のプラレールは買ってもらっただけでなく、莉希くん自身が車体の色をエアブラシで塗り変えた車両や、独自に制作したオリジナルなプラレールもある。たとえば、沖縄に行ったときに感動したという沖縄都市モノレール「ゆいレール」は、ディズニーランドで買った車両を改造した。伊江島に渡るときに乗ったフェリーも、車を運ぶタンカーを改造したという自慢の作品だ。

「すごいね、ぜんぶ動くの？」、僕は莉希くんに言った。

「動くよ。見てて」

莉希くんは素早く車両をレールにセットすると、赤いボタンを押した。

《ポワ～ン、一番列車が参ります。ジリリリリリ……》

録音されたアナウンスが流れた。そのときだった。

「ああ、家族全員が隣の部屋でテレビを見ていたときです。これが、これが勝手に鳴ったんです」

奈保子さんは興奮気味に言った。

《乗り降りの際は、お足元にご注意ください。当駅では終日禁煙となっております》

駅舎のアナウンスそのものだ。

「それまで広夢と莉希がよくこれを鳴らして遊んでいたんです。音が聞こえるから、二人で遊んでいるのがわかるんです。だから、その日も隣の部屋で遊んでると思ったのですが、よく考えたら、震災後だから広夢がいるわけないし、莉希は私の横でテレビを見ているんです。『あれ、ちょっと待てよ、隣の部屋、誰もいないよね。なんで勝手にアナウンスが流れているの？』

それでいっぺんに家族が顔を見合わせて『ええっ？』となったんです」

奈保子さんによれば、誰もいない部屋でアナウンスが流れたのは、新幹線のホームとセットになったプラレールのジオラマで、「広夢が三歳のときにすごく欲しがったのを、おじいちゃんが誕生日にプレゼントしてくれた」大切なものだったという。

「動いたのはいつ頃のことですか？」と僕は奈保子さんにたずねた。

「この家じゃなくて、向こうの古い家に住んでいたときですから震災の年です。水道も電気も復旧していましたから、震災から二、三ヵ月以上は経っていたと思います。莉希も覚えているよね？」

「うん、勝手に鳴った」

「広夢の遺体が見つかってから、十六畳の間に置いてあったジオラマはいったん撤去したんです。そのあとしばらく祭壇を置いていたのですが、火葬が終わってから、今度は莉希が一人で、お兄ちゃんと遊んでいたときのことを思い出しながら組み立てたんです」

伸一さんによれば、捜索などが一段落して、無理にでも普通の生活に戻そうとしていた五月か六月だったという。

「気持ちが沈んでいるのに、普通の生活に戻さないといけないんで仕事に復帰したのですが、精神的にも不安定でした。元に戻そうにもうまくいかないんです。道路が綺麗になって車が増え、建物が建って少しずつ復興していくのを見ると、なんだか取り残されていくような気がして……あれはすごく嫌でした。自分だけ止まっている感じがするんです。そんなとき、やっぱりお兄ちゃんがいないんだなあって思ってしまう。あの頃は、仕事中によく思い出しては泣いていました。

こんなこともありました。ある家の水道工事をしているときでした。建主の奥さんが俺に『誰かそばに立ってるよ』って言ったんです。いきなりで驚いたのですが、『男の子かなぁ？悲しそうな顔で見てる。体壊すから、そんなに無理しないでって言ってるよ』って。正直、あの頃は過労で死んでもいいかなという気持ちで仕事をしていたので胸をえぐられた気分でした。すると『お兄ちゃんがね、おら、大丈夫だから、心配しなくていいからって言ってる』と言われました。広夢は自分のことは僕とか俺《おれ》ではなく、『おら』でした。それを聞いて、俺はもう、ぼろぼろ泣いていましたね」

《ポワ～ン、一番列車が参ります》のアナウンスが流れたのはそんな時期だった。

「あの日の朝、『行ってきます』と言って出たまま、突然この世から消えたんですよ。ショックがあまりにも大きすぎて、家族はどん底に沈んでいました。そんなときにあのアナウンスが流れたんです。姿は見えないけど、やっぱり広夢は近くにいるんじゃないか。そばにいるとわかったら、こんなうれしいことはありません。今までそういった不思議な現象を信じたことがなかったのに、子供を亡くして、初めて本当にあんだなと思いました」

仲一さんがそう言うと、奈保子さんは軽くうなずきながら、その頃はこんな夢をよく見たと言う。

「広夢と一緒に電車に乗っている夢をよく見ました。その電車も、普段乗るような電車じゃなく、何十年も先の未来を走っているようなハイテクなものでした。その電車に乗りながら、『大丈夫だったの？　探したんだよ』って話しかけているんです。

『ああ、わかってるよ』

『体育館にいると思って行ったのに……』

『いや、あそこにはいなかったよ』

震災で亡くなったことはわかっているのに、広夢とそんな会話をしているんです。でも、夢から醒めると、やっぱり夢なんですね。それが、プラレールが動き出し、勝手にアナウンスが流れるという、普通では考えられないことが起きたとき、肉体はなくなっても魂は本当にあるんだと思いました。目に見えないけど、広夢の魂がそばにいるのを感じたんです。いつもこのプラレールで遊んでいたから、あっちの世界に行ってもこっちで遊びたいのかなって」

仲一さんも「いるんじゃないかと思えるだけでも嬉しかった」とうなずく。

「一回や二回じゃなくて、もっとあってほしい」と奈保子さんが言えば、仲一さんは「本当は会話ができればいいんだけど……」と話がつきない。そして「今は、錯覚じゃなくて、広夢が近くにいるんだと思いながら生きている」と言った。

僕らが話し込んでいると、莉希くんが二階から降りてきて、こそこそとしゃべっている。洗濯物が落ちていたそうで、広夢くんがやったのではないかと言っていた。奈保子さんは、あれは風で落ちたのだからと言うが、莉希くんは不満そうだった。

この不思議な体験は一度だけだと思っていたのだが、実はそうではなかった。三度目かに会ったときだ。その日は石巻に泊まる予定だと言うと、仲一さんらは僕を自宅で歓待してくれた。そのとき、僕は「誤作動でアナウンスが流れることはないのですか」とたずねた。すると仲一さんは「ボタンを押さないとだめです」、ぴしゃりと言った。

「こっちの新しい家では動かないんですか？」と僕がたずねると、「まだだね」と仲一さんが残念そうに言う。

「そうですか。でも、動いたのが一回だけではつまらないですね」

僕が何気なく口にすると、隣にいた莉希くんが突然こんなことを言った。

「この前も動いたよ」

「え、いつ？」

「半年ぐらい前。上の部屋で遊んでて、『ご飯食べるから降りてきて』って言われたから部屋の電気を消したんだ。そしたら突然、Nゲージがウイ～ンって動いたんです。電気をつけてみたら、勝手に走っていました」

奈保子さんは「Nゲージ⁉」と声を上げた。

「たとえプラレールは誤作動の可能性があったとしても、Nゲージは絶対にありえないです」

「動く前に何かしていた？」と僕がたずねると、莉希くんは「遊んでただけ。勝手にスイッチが入った」、淡々と言う。

このとき、莉希くんの祖父で、奈保子さんの父親の博さん（60）も同席していたのだが、興味深そうに耳を澄ませていたかと思えば、いきなり僕らを驚かせた。

「そういえば、ここに引っ越して間もないときだけど、仏間のNゲージが動いたよ」

「えええ！」

大袈裟ではなく、今度は僕も伸一さんも莉希くんも声をあげて驚いた。

「Nゲージは仏間に敷きっぱなしにしていたんだが、最初は車両がレールに乗ったままで動いてなかった。仏壇に手を合わせてチンと鳴らしたら、いきなりウイ～ンって勢いよく走りだしたんだよ。エッと思ってしばらく見ていたんだが、Nゲージなんて触ったこともないから止め方がわからず、車両をレールから外して止めたよ」と博さんが言う。

「僕は、勝手に動き出してびっくりしたから」と莉希くんはひと呼吸おき、「自分でスイッチを切ったんだ」と言った。

「あのときは、立ってて座ったらいきなりだったからね。驚いたよ」と博さん。それぞれの体験と思いが交錯する。

奈保子さんは、理解しかねている僕にこんな説明をしてくれた。

「Nゲージはリモコンのスイッチをひねっただけではゆっくりとしか動かないんです。スピードを出して走らせるには、それなりにつまみを回さないといけない。だから、単なる誤作動でNゲージの車両が勢いよく走るなんてゼッタイにありえないんです」

じゃあ、誰なんだ？

「きっと広夢が遊んでるんだ！」

このときテレビで流していたビデオ画像から、いきなり「ブオ～ン」という電車の音が聞こえてきた。僕たちはいっせいにテレビの方に振り向く。「おっと、びっくりした」、莉希くんのひょうきんな声で全員の頬がゆるむ。

広夢くんとの不思議な体験を、それぞれが個別に経験していたのだ。家族の興奮が鎮《しず》まると、奈保子さんはおだやかな顔で言った。

「あの経験がなかったら、広夢がこの世から消えてなくなったと思うしかないですよね。でも、広夢の魂や意識がそばにいると思えるからちっとも寂しくないです。近くにいるなら、もっと不思議なことが起こってくれればいいのに……」

プラレールはプラスチックで出来た人工物にすぎない。そこに微弱な電気が通るとアナウンスが流れ、人工物が動く。かいつまんで言えば、それだけのことだ。たったそれだけのことで、この世とあの世をつなぐ通路ができ、彼岸に去った者と此岸に残った者とが共に生きるための絆が生まれる。そして、生き遺った者に生きる力が吹き込まれる。

最近はプラレールもNゲージも動かないという。伸一さんに「寂しいんじゃないですか」とたずねるとこう言った。

「広夢は津波で命をなくしてしまったんだけど、たぶん、いや、きっとどっか別の家族の子に生まれ変わったんだろうなと思うんです」

奈保子さんは、最近「Ｐｏｎ Ｃｈａｎ」というネイルサロンを開いた。「ぽんちゃん」というのは、広夢くんが赤ちゃんのときにぽっちゃりしていたからついた愛称である。店といっても、自宅の六畳間に壁紙を貼って改装しただけだ。客も友人や紹介者だけで、まだ本格的なオープンではないが、ようやく前向きに生きようとしていた。

15 あらわれた母と霊になった愛猫

大友陽子さんの体験

僕はレンタカーのハンドルを握ると、石巻から三陸自動車道を南へと向かった。行先は仙台市の南にある名取市である。この町も、亀井繁さんがいた亘理郡と同じで地形が平坦《へいたん》だから、津波は地面をなめるように襲った。死者が集中した閖上地区などは、ほとんど更地《さらち》と化してしまったほどである。名取市に近づくと、見たことのある広場に気づき、いきなり震災の年にフラッシュバックした。あの年の七月、僕はこのあたりで両親を津波で喪った震災孤児を取材していて、その広場のベンチに座りながら十歳の女の子から話を聞いていたのだ。あまりにもつらくてメモができなくなったことがよみがえってきた。あのとき、その子が夢の中で「ママとジッジ（祖父）が手をつないで楽しそうに歩いていたよ」と言った言葉に救われた。将来はパティシエ（菓子職人）になりたいと笑顔で言ったが、今はどうなったのだろう。

そんなことを思い出しているうちに、車は早々と目的地に着いた。

実は、この旅を続けていて、今ひとつ合点がいかないことがあった。東日本大震災ではたくさんの人びとが亡くなったが、同時に猫や犬などたくさんのペットも一緒に亡くなったはずである。それなのに、ペットとの不思議な体験を聞いたことがないのはどうしてだろう。やはりペットは人間と違うのだろうか……。そんなことを考えていたとき、猫との不思議な体験を語ってくれる方があらわれた。名取市に住む大友陽子さんである。

陽子さんに正確な年齢をたずねると、いつもムニャムニャとぼかされるため、とりあえず三十代としておく。

陽子さんの家は、この町で祖父の代から小さな雑貨店を経営していた。父親が亡くなった後は母親が切り盛りし、陽子さんも事務を手伝っていた。しかし、それだけで食べていける店ではなく、週の半分はほかでアルバイトをしていたという。

この店を手伝うときは、いつも事務所で昼食をとるのに、なぜか震災当日は、母親に自宅で食べると伝えて戻った。店を出たときは二時八分だったという。

陽子さんの自宅には、モモとプリンという二匹の飼い猫がいた。野良《のら》猫も入れ替わり立ち替わりやってきたが、飼い猫と同じようにかわいがられていて、陽子さんが帰るとその気配を感じるのか、どこからか必ず足音が聞こえてきたという。野良猫にもすべて名前がつけられていた。たとえば、生まれて四、五ヵ月のグレーの子猫にはシュシュ、元は飼い猫だったらしく、やけに人懐《ひとなつ》っこいトラ猫の縞太郎《しまたろう》――。この日はシュシュがやってきたので「ご飯」をあげたが、ちょうど食べ終わった頃に大地を揺るがすような揺れが始まった。

陽子さんの、母と猫たちとの穏やかな人生の流れはここで断ち切られる。母親が津波で逝ったのである。そして猫たちも……。

「うちには野良猫を含めて常時、十二、三匹の猫がいました。その子たちの避妊処置は全部私がしてあげたんです。半分はアニマルクラブさんに助成していただき、毎月五千円のリボルビング払いにしました。それをやっと払い終えたときに震災だったんです。

家の中には炬燵があって、震災の前日もそこに野良猫が一匹入っていました。いつものことです。縞太郎と呼んでいた猫で、足が短く、しっぽがぼんぼりのようになっていました。元は飼い猫だったからすごく人懐っこく、ドアを開けると入ってくるんです。でも切ないのは、ここが自分の家じゃないとわかるのか、しばらくいると、外がどんなに寒くても鳴きながら出ていくのです。

その日もいつも通りだったのですが、食事を作りながらふと振り向くと、うちのモモというシャム猫とトラ猫のミックスが光っていて、その背後で光が交差しているんです。そんな白い猫じゃないのに……と思っていると、突然床が飛び跳ねるように揺れました」

母が働いていた店は、近所の小学校が避難場所だった。当然、母はそこに避難したと思っていたら、しばらくすると家に戻ってきた。避難所のあたりで煙があがったので、避難できないと思い、陽子さんに知らせに来たのだ。母は近所の人たちの安否を確認していたが、その母も、モモと同じように光っているのが見えたという。

「後光《ごこう》が差しているというか、背後からスポットライトを当てたように金色に光っているんです。どう言えばいいか、まるでお釈迦《しゃか》様のようです。自分の母なのに、なんて綺麗なんだろうと見とれてしまいました。あれは『お知らせ』だったんじゃないかと思ったのは津波のあとです。もしかすると、津波で亡くなったのは母とモモで、プリンは生きていたかもしれませんね」

大友陽子さんが愛した猫のモモ

　がんで亡くなった方にこんな逸話がある。亡くなる前日だった。昏睡《こんすい》状態で口もきけないその人が、親しい親戚の方たちの枕元に突然あらわれ、「お世話になりました」と別れの挨拶に来たという。これがよく言われる「お知らせ」だが、光って知らせる「お知らせ」があっても不思議ではないだろう。

「その後、母は『事務所のドアを開けたままだから心配』と言うので、私が『近くの一時避難所で待ってるからね』と声をかけたんです。母はやさしく『わかった、わかった』と車で戻っていったのが最後でした。

　いつもの私だったら『私が行くから、どこがさ逃げろ！』と行かせなかったのに、あのときは私自身がパニックになっていたせいで、母を止めなかったんです。

そのために母を死なせてしまったのかと思うと……、申し訳なくて、やりきれなくて……」

このときの後悔が、その後もフラッシュバックのように戻ってきては苦しみ、今も苦しんでいるという。

「私は母を呼び戻そうと、慌てて車で後を追いかけました。でも、私が走った道路は一本違っていたのです。その道路は、母と待ち合わせの約束をした一時避難所の入口につながっていて、これが私の生と死を分けることになりました。車が避難所に近づいたら、避難所の前は大渋滞していました。止まると、後ろから黒い軽自動車がものすごい勢いで走って来て、警笛で私に下がれと合図するんです。私が思わず後退させると、避難所の会館に突っ込んでいきました。会館の玄関では『水が来たぞ』『中へ入れ、ばかやろ！』って私に叫んでいたようですが、窓を閉めていたため、聞こえないのです。私は『なんですか』って窓を下げると、すでに十メートルほど後ろまで黒い水が押し寄せていました。

結局、玄関は閉められ、アルミの避難梯子《ひなんはしご》を降ろしてくれたのですが、手足が濡れて冷たくなっているので昇れません。そのうち二階にいた人が降りて来てくれ、レースの長いカーテンを私の体に巻き付けて引き上げてくれたのです。

その人が合図すると、私に叫ぶんです。

『横見るな、下見るな、上だけを見てろ』

『離すなよ、離したら終わりだからな。必ず助けるから離すな』

おかげで私は黒い水も、人が流されていく凄まじい様子も見なくてすみました」

「なぜ横や下を見たらいけないんですか？」、僕はたずねた。すると陽子さんは一瞬怪訝そうな顔をし、「ああ」と言った。

「下を見たら真っ黒な水。横を見たら人が流されています。私を助けてくれた人が、見たらショックで気を失うかもしれないと判断したのでしょう。実際、見たために今もトラウマになっている人がいます。そのとき何を考えたかって？　ここで落ちたらお終《しま》いですよね。せっかく助けようとしてくれたのに、あの方たちのトラウマになるんじゃないかと思い、もし落ちたら、ありがとうと言いながら流されていこうと思っていました」

海水が車を次々と押し流していった。塩水が電気系統に誤作動を起こすのか、下の方から何台ものクラクションが鳴り響いた。まるで断末魔《だんまつま》のように聞こえたという。

「引き上げられるとき、目を閉じたのですが、まるでテレビの映像のように、瞼《まぶた》に突然モモの大きな顔があらわれたかと思うと、今度はプリンが近づいてきて、二匹が交錯しながら私の体の中に入って抜けていったんです。そのとき私は『モモとプリンは……うん、終わったんだ』と納得していました。そして頭の中で『ああ、流されたんだな。最後の挨拶に来たのかな』という言葉が響いていました。恐ろしさは全然感じなかったですね。

その後すぐ、『あなたは大丈夫、助かる』と聞こえたんです。そのとき『母の命と引き換えに自分が助かったな』と思いました。そして『ああ、私はお母さんに助けられたんだ』という感情があふれてきて、まだ助かっていないのに、すごく落ち着いているんです。やっぱりあれは母の声だったのでしょうか」

陽子さんの母は車で事務所に向かったが、車が渋滞していて動かなかったため、乗っていた車を捨てて近くの消防署に逃げ込もうとした。しかし途中で波に呑まれ力尽きたという。

陽子さんは、海水が引くまで一時避難所にいた後、自衛隊のジープに乗せられて公民館に向かった。震災から三日目の夜、陽子さんは不思議な夢を見る。

「夢の中で、どういうわけか職場にいるんです。電話が鳴ったので受話器をとって、私が『もしもし』と言うと、母の声で『お母さんだけど、大丈夫だから心配しないでね』と返してくれました。私は夢の中で『え？　だってお母さんは……行方不明に……』と思った途端に目が醒めたのです。もしかしたら、母は流されたけども、あの時点ではまだ息があったのかもしれません。すぐ見つけても助からない命だったかもしれませんが、二晩も三晩も冷たい泥水に浸かっていたかと思うと……、切ないですよね」

母の遺体が見つかったのは四月初旬だった。瓦礫の下でうつ伏せになっているのを発見されたという。もちろんモモやプリンなど世話した猫たちは見つからなかった。瓦礫が散乱していたから探しようもなく、もし助かっていたら戻ってくるかもしれないと思い、自宅があったあたりでしばらく待ったが、猫たちはついに一匹も戻ってこなかった。

近くで火葬するところがなく、山形や秋田まで探したが順番待ちでいつになるかわからなかった。ようやく見つかったのが宮城県栗原市だった。せめて立派な棺をと思ったが、知り合いの葬儀屋さんから「生き残った姉ちゃんこそ、これから大変なんだぞ。棺がいいからって、遺された娘が金に困ったら母ちゃんは喜ばねえ。これで立派だ」と言われ、その後に調達した黒い車に母の棺を積むと、陽子さんだけが乗って火葬場に向かった。

母はたびたび夢に出てきたが、最初はつらい夢ばかりだったという。たとえば、避難所の体育館で寝ていると、母は黒いシルエットになって陽子さんを覆い、泣きながら『なんであのとき、逃げろと言ってくれなかったの』と訴える夢もあった。母を助けられなかったという陽子さんの後悔が夢にあらわれたのだろう。それがすっかり変わるのが、母を荼毘《だび》にふしてからだという。いずれも日常のワンシーンを切り取ったような夢だった。

「この地方では、仏事に白い団子《だんご》をピラミッドのように盛って供える習慣があります。とくに亡くなったときは、最初に作った人が最後まで作らないといけないんです。母からそう教わっていたのに、あのときは震災の直後で店もなく材料も手に入らず、それどころではなかった。するとと母が夢に出てきて言うんです。

『なんだい、団子も作ってけねえで』

いつものやさしい声でした。

従妹にそのことを言うと、近所に営業している店があるから私がやると言ってくれて、供えられたんです。するとその夜、母はにこやかな顔でまた夢に出てきました。

『団子、ありがとね』

それからは怖い夢を見なくなりました」

たとえばこんな夢もあったという。

「それから一年ほど経った頃、割烹着《かっぽうぎ》を着た母が物干し台で洗濯物を干しているんですが、やっぱり光っているんです。『ああ、お母さん亡くなったのね』と思い、使い捨てカメラで撮ろうとしたら、『写真、撮りすな（撮るな）』って言うんです。

『え、なんで？』

『写真撮ったら、お母さん、あっちさ逝がれなくなっから、写真撮んないで。いっぱいやり残したことがあるから忙しいのよ』って笑っているんです。

小さい頃、母は忙しくて、私はなかなか構ってもらえませんでした。だから、母が洗濯物を干したり、包丁を使って料理をしたりしているところを見ると安心するのか、幸せな気分になります。あれは夢に違いないのに、そんな夢を見たあとは、つらいことも忘れてしばらく温かい気分に浸れました。

こんな夢もありました。

あれは二〇一二年九月です。津波に洗われ、かろうじて残った家を解体するというので、ボランティアの方に頼んで箪笥を運んでもらいました。そのとき、母の箪笥を一竿《ひとさお》残してきたんです。古くて使いづらいし、運んでも仮設住宅は狭いから置けないと思って諦めたのです。するとその夜、母が夢にあらわれました。

『あら、なんだい、あの箪笥持って来ねえで』

『こっちの箪笥の方が新しいから……』

『そっちはそうでもないよ。安かったから』

『ごめんね』

古い箪笥は母の嫁入り道具だから思い入れがあったんでしょう。運んでもらった箪笥は、あなたが思うような材料じゃないと言いたかったのでしょうが、なんだか可笑しくって……。

『う～ん、なんだいねえ』

母はちょっと不満そうだけど、諦めてくれたようです」

母親思いの陽子さんに、僕は「お母さんの思い出で、どんなことが鮮明に残っていますか」とたずねると、幼かった頃の話をいくつかしてくれた。

「うちは二十坪ほどの狭い土地に、下をお店に、上を住居にした家を建てたものだから、お店にスペースをとられてお風呂が犠牲になったんです。だからずっと銭湯に通っていました。まだ車社会になる前で店も忙しかったものだから、仕舞うのが深夜になると、銭湯にも入れないんです。夏場なんか、お店で水浴びをしていました。だから母は、好きなときに入れる自分たちだけのお風呂が欲しかったんです。建物を改修して、やっとお風呂ができたとき、母はしみじみ、『仕事が終わったあと、娘を風呂に入れられるほど幸せなことはない』と言っていたのを思い出します」

小さな陽子さんが、母と一緒にお風呂に入って背中を流してもらう。なにげない日常の一コマに、幸せだった頃の陽子さん一家が目に浮かぶ。こんな夢もよく見るという。

「私がまだ幼稚園児だった頃です。遠足には半数の子に親がついてきたのですが、うちは商売をやっていたから、母はついて来られなかったんです。母が同級生のお母さんに、『うちは行けねえから、なにとぞ娘をよろしく』って頭を下げていたのを覚えています。その夢を見たんです。夢の中の母は二十代でした。夢の中では、ここまでは実際にあった場面と同じなんですが、その後、心配する母に、親しいおばちゃんが『大丈夫よ。私がついているからね』と声をかけているんです。このおばちゃんは、母と一緒によく夢に出てくるのですが、津波で亡くなっているんです。バスが走り出して、『え？　だっておばちゃん、もう……』と冷静になった途端、夢から醒めるんです」

夢はどんなときに見るのだろうか。大半の人が、震災後の本当につらいときに出てきてくれなくて、落ち着いた頃に出てくるというのを聞いたからだ。すると陽子さんも同じことを言った。

「私はこの年まで母親に守られて、苦労知らずに育ったんですね。だから母もおばちゃんも、そんな私を案じて夢に出てくるのかもしれません。ただね、寂しいときに母が出てきてくれるのならわかるのですが、そういうときって出てこないんです。むしろ、一生懸命やって疲れたあととか、頑張ってある程度の満足感があるときに出てきます。私が悲しいときは、向こうも悲しんでいるんだと思うんです。母だって私の気持ちが充実しているときに出てきて、その喜びを分かち合いたいのかもしれませんね」

母を亡くしてから、陽子さんは生きる気力も失うほど落ち込んでいた。母が税務署に送った確定申告の書類が戻ってくると、夢うつつで母が書いた文字をなぞっていることもあった。その陽子さんが、南米発祥の縦笛《たてぶえ》ケーナと出会って「ギリギリのところで助けられた」という。楽器といえばハーモニカぐらいしか吹けないのに、ケーナの音色に心が洗われるような気がして一心に練習をつづけた。ケーナにのめり込んでいき、少しずつ本来の自分を取り戻していく。やがて、コンサートに出演しないかと誘われるまでになるが、ケーナが吹けるようになった頃から、陽子さんはもうひとつの不思議な体験をする。

「あれは二〇一四年のお盆でした。昼間はアルバイトで忙しく、とても墓参りする余裕がないから、いつも夜六時とか七時に行くんです。暗いのに怖くないかって？　いいえ、ちっとも。仲のよかった人がいっぱい空の上に逝きましたからね。今もそうですが、亡くなった方たちを供養するために、仕事が終わってからお墓でケーナを吹くんです。墓地に行くと、まず皆さんに挨拶します。

『すみません、ちょっと賑やかにしますので聞いてくださいね。母にも聞かせてあげたいので』

　千の風になってじゃないけど、母にもぜひ聞かせたかったのです。拍手してくれているのを想像しながら吹き終わると、『いやあ、こんなにお客様がいっぱいいらっしゃるところで吹けて、私はなんて幸せなんでしょう』なんて一人でしゃべっています。知らない人が見たら、頭がイカれたと思うでしょうね。

　あの日は、車に乗ったまま吹いていました。ふと見たら、茶色い猫が尻尾をぴんと立ててあらわれたんです。最初は野良猫が歩いているのかなと思ったのですが、次はトラ猫が来て茶トラが来て、やっぱり尻尾をぴんと立てているんです。三匹、四匹、五匹と続くのを眺めていて、ハッと気がつきました。自分は車に乗っているのに、猫たちは車の窓の高さと同じところを歩いている……。下が暗いからわからなかったんです。待てよ、この子たちに見覚えがあると思って見たら、自分が世話した猫たちもいます。そうじゃない猫もけっこういました。もしかしたら、私が世話した猫たちの友達かもしれません。

　ケーナを吹くのをやめると、みんな尻尾を立てたまま、まるで動く歩道に乗っているように流れていきました。何匹も何匹も……。私は車から、ぼんやりとあの子たちの穏やかな表情を眺めていました。その先にふわっとしたトンネルのようなものがあって、みんなそこに吸い込まれていくんです。あれはトトロの世界ですよね。

　猫たちが去った後、なんだかあったかいものに触れたというか、ふわっとした感じの余韻《よいん》があって、ほっとしている自分がいました。世話してくれてありがとうと言うために出てきたのか、それとも、今もあなたと一緒にいるよと伝えたかったのか、なんだかおとぎ話の世界に来たようなお盆でした」

実は、その後も猫たちは、さまざまな方法で陽子さんの前にあらわれるという。

「かたちは見えなくても、重さとか匂いであの子たちの存在がわかるんです。足元でまとわりつきながら、足の上に乗ったりすると重さでわかります。今は猫を飼っていないから、匂いでもわかります。ケーナを吹くと、必ずどこかからあらわれますね。チャラチャラって鈴の音がすることもあります。私が寝ていると、足元にいることもあるんです。

猫っていびきやため息を漏らしますが、それが聞こえるんです。プリンは体が大きくて、息遣いがいびきのようでした。それが聞こえてくるんです。匂いもプンプンします。最後のご飯を食べさせた野良猫のシュシュは、完全に体を見せてくれました。私が寝ていると、冷たい鼻先で私のほっぺを突《つつ》くんです。目に見えないけど、あの子たちも私と一緒にいるんですね」

陽子さんは、初めてコンサートに出演した。舞台に立ったとき、四百席余のホールが人で埋まっているのを見ただけで卒倒しそうになったという。

「普通は舞台に上がると、稽古のときの十分の一の力で吹けたらいいほうだといいますが、あのときは呼吸ができないほど緊張していて、首から肩にかけて重石《おもし》を乗せたような感じでした。うまく吹くことより、心を込めて吹こうと思ったときです。天井から四角い光の柱が降りてきて、やがてキラキラ輝く細い柱になって私の体を貫いたんです。その瞬間、首も肩も軽くなり、呼吸も楽になって実力以上に演奏できました。終わったとき、ウォ〜という歓声が上がったのを覚えています。あの光はなんだったんでしょう。母じゃないにしても、誰かが私を守ってくれたような気がします。それまで、仲のいい人たちがみんな空の上に逝っちゃったから、死ぬのは怖くないと思っていたのに、あの光の柱のおかげで、自分が守られているなら、もっと生きてみようと思いました」

一瞬にして母をなくし、家をなくし、仕事をなくし、さらに人生を奪われたら、そのとき人に何ができるだろうか。まさに陽子さんがそうだった。そんな彼女に何が必要かといえば、やはり生きる意味ではないだろうか。余命わずかながん患者でさえ、死の間際まで生きるに値するものを実感したい。それが生きるということなのだと思う。人は生きる価値、生きる意義を見出すことで生きる喜びを感じる。たとえそれが、亡くなった猫や光の柱であっても、そこに生きる意味を感じられれば、新たな物語がスタートする。

16 避難所に浮かび上がった「母の顔」

吾孫耕太郎さんの体験

名刺の肩書きには「f・8仙台写真倶楽部 会長」とあった。吾孫《あびこ》耕太郎さん（70）はある福祉施設を定年退職したあと、趣味が高じて、いまやアマチュアカメラマンとして忙しい毎日を送っている。

震災当時、吾孫さんは仙台市太白《たいはく》区の八木山《やぎやま》にある自宅にいた。そこは高台だから津波とは全く縁がない。亡くなったのは母親の文子さん（享年93歳）である。海岸線からそれほど遠くない若林区荒浜の特別養護老人ホーム「潮音荘《ちょうおん》」にいたが、避難する途中で流されたという。

吾孫さんは四人きょうだいの長男である。

「母は八十を過ぎても元気に歩いていたのですが、だんだんと足腰が弱くなり、痴呆《ちほう》もすすんできたので潮音荘にお願いしました。あれは、私が退職して四、五年経った頃でしたね。震災の数年前から、三週間は施設にお願いし、残りの一週間を自宅の母の部屋で私と妻と姉の三人で世話をしていました。

あの大地震の日、母は施設にいたのですが、大丈夫かなと思いつつも被害の情報が入ってこないうえ、安否がわからないので動けませんでした。そこで翌日、行けるところまで行ってみようと思い、潮音荘の付近まで行ったところ、あの地区の人たちはみな七郷小学校に避難していると聞いたのです。そのとき、潮音荘の人たちはみな無事だそうよと言われて安心したんですよ。

七郷小学校に行くと、避難してきた地域の人たちが大勢いたのですが、校庭にあったブランコに男の子が一人ぽつんと座っていたうしろ姿が印象的でしたね。

受付でたずねると、『ここにいる人たちの名前はホールに貼り出されているので確認してください』とのこと。二階に行くと、たしかに多目的ホールの入口に手書きで『潮音荘』と書かれた札が貼られ、避難した人の名前が書かれていました。そこにいた職員に避難の様子をたずねると、『津波が二階まで浸水したため、車で避難できなかった人はみんな無事に屋上に避難しました。順番にヘリコプターで飛行場にピストン輸送されて（バスで）ここに送られてきていますから、もう少ししたらお母さんもここに来るはずです』と言うんです。

夕暮れまでにまだだいぶ時間がありました。入口には母の名前はありませんでしたが、ときどき母を見舞いに行ってたので、顔見知りの人がいるかもしれないと思い、ホールを覗いてみたのです。そこは大勢の避難者でいっぱいでしたが、部屋の中央のあたりで、母より少し太ったおばあちゃんが背中を向けて座っていたのが気になりましてね。近づいて行くとだんだん母親のうしろ姿になってくるんです。そばまで寄って顔を見たのですが、なんと、母だったんですよ。

『ええ！　お母さん！　いつ来たの……?!』

そう言いながら、頭の中に『?』のマークがいっぱい出ていました。ここに母がいるのに、どうして入口に母の名前を書いてないんだろって。でも、どう見ても母なんです。いつものドテラのようなものを着ていたし、ちょっと痴呆が入った母の顔でした。

『みんな心配しているから帰ろうね』

私はやさしく声をかけました。

姉たちにも、母が元気なことを知らせてやろうと思い、顔を見ながら携帯を取り出そうとしたときです。目の奥にもう一つ目が見えたんです。これをどう説明すればいいか難しいのですが、母の目が上にあって、ちょっと下のずれたところに別の瞳《ひとみ》があり、それが立体的に見えるんです。『お母さんだ……。あれ、おかしいな』と思ったのですが、間違いなく母の顔でしたので、携帯で写真を撮ろうとしたら、別の人の顔に変わっていたんです。その人は、私を不思議そうな顔で見つめていました。結局、その人とは話もせずにというか、恥ずかしいというか、母だと思って声をかけたのに全然違ったのですから、どう繕《つくろ》っていいのか慌てました。いやあ、よく似ている人もいるものだ。他にも似ている人がいるかもしれないと思い、あたりを見回しましたが、みんな九死に一生を得たような不安気な顔の方ばかりでした」

吾孫さんは校庭に出て、避難者を乗せたバスが戻ってくるのを待った。このときはまだ、全員無事だという言葉を疑っていなかったから、いずれ母に会えると信じていた。

そこは仙台港に近いせいか、石油のような揮発《きはつ》性の臭いが流れていた。すでに夕日が傾き、夕食の炊き出しが始まって避難してきた人たちが順番に並び始めた。吾孫さんが帰ろうとしたときだった。潮音荘の職員が集まってひそひそと話をしているのを見て、雰囲気が変わったのを感じたという。しかし、その日は諦め、翌日出直すことにした。

「地震の直後に車で避難したグループがあり、第一陣は無事小学校に避難できたのですが、次に出発した職員二名と利用者六名の合計八名が、津波にさらわれて車ごと行方不明になってると言うんです。その一人が母でした。流されたのが出発直後なのか、走っている途中なのか、助かった人たちも自分の身を守るのに精一杯で、どこでどう流されたかわからないと、施設長から説明がありました。さすがにそれを聞いて覚悟しました。同時に、昨日のあの不思議な現象は、母が最後の別れに来てくれたんだと思いましたね。根拠なんてないですよ。姉も幻覚じゃないのと言いますが、ずっと写真をやってきた私は、客観的にものを見る癖がついています。幻覚ではありません。あれは確かに母だったのです」

文子さんの遺体が発見されたのは三月二十日頃だった。遺体安置所を回ったが、ガソリンも残り少なくなって、万策尽きたときに警察から連絡があったという。遺体の確認に行くと、服装に名前が書いてあってすぐ母とわかった。このときは水ぶくれのように膨《ふく》らんでいた顔も、翌日には水分が抜けてすっかり母らしい顔になっていたという。

文子さんはクリスチャンだった。遺言どおりに教会の長老に頼み、家族と近所の人たちだけで葬儀を執り行なった。このとき撮影した写真を見せてもらったが、どの場面にもたくさんの丸い光の玉が写り込んでいた。中には動いた瞬間に撮られたのか、光が横に流れたような写真もある。何十年とカメラマンをやってきて初めて見るものだそうだ。

吾孫さんと文子さん母子は、苦労を絵に描いたような人生だった。

「うちは昭和二十二年頃、仙台市の八木山に開拓者として入植したんです。二町五反（約二・五ヘクタール）ほどの開墾地《かいこんち》をもらったんですが、父親は元来、体が丈夫じゃなかったこともあり、私が十歳の頃に胃がんで亡くなりました。その後は母が女手《おんなで》一つで頑張ってきたんです」

「戦後の仙台って開拓するようなところだったんですか？」、僕は驚いてたずねた。

吾孫さんの住まいは、仙台駅から車で十五分もかからない。坂は多いが、近くには地下鉄の駅もあって住宅も密集している。日中は人通りが絶えず、ここがかつて開拓地だったとは想像もできなかった。昭和三十年代以前の仙台は、ほんとに小さな町だったのだ。

吾孫文子さん

「戦中の父親は高校で数学の教師をしながら模型飛行機を売っていました。体も弱かったから、戦争に行けなかったと思うのですが、戦後は（占領軍が模型飛行機禁止令を出したために）模型飛行機を売ることができなくなったんです。戦争に行けなかったから、国のために何かやりたいと思ったんでしょうね。私の想像ですが、その頃は食糧増産が叫ばれていたので、一念発起《いちねんほっき》して国のために開拓地に入ったのかもしれません。開拓中は現金収入がないから、近くの米軍キャンプで夜警をしながら通訳もしたようです。働きすぎて体はガタガタだったんでしょう。お医者さんに診《み》てもらったときは、胃にこぶし大の塊ができていたそうです。

母が事業を継いだのですが、それからは苦労の連続でしたね。米びつを開けたら空《から》っぽということも何度かありました。あそこは水がなくて水田ができなかったから、お米が作れないんです。母は、大根、大豆、小豆、イチゴなどを作っていました。そのうち、先駆的な母が試験的に作っていた陸稲《おかぼ》が成功して、やっと米を食べられるようになったんです。

星明かりや月明かりがあれば、夜でも畑に出て働いていました。鶏も三百羽ほど飼っていて卵を売るのですが、野犬に半分ほど咬《か》み殺されたこともあります。私らは、学校から帰ると、畑仕事を手伝わされました。土地の低いところにわき水があり、私が小学校五年生になると、母の代わりに水を汲《く》みに行かせられるんです。それが終わると薪割《まきわ》りでした。一九六〇年代に『西部開拓史』というアメリカ映画がありました。あれはアメリカの西部が開拓された時代を生きた三代にわたる家族五十年間の歴史ですが、私らは十七、八年で同じ体験をしたような気がします。

当時、池田《いけだ》勇人《はやと》さん（元首相）の所得倍増計画なんてありましたが、わが家は関係なかったですね。周辺には電気も水道もどんどん通るようになったのに、うちは水道も風呂もない掘っ建て小屋。それでも母は必死に働きました。開拓したという検査に合格しないと土地がもらえないからです」

　高度経済成長で宅地造成が盛んになると、「杜《もり》の都」だった仙台に森がなくなってしまった。昭和四十年代に仙台市から森を残してほしいと言われ、吾孫さんの開拓地のうち約三千坪が緑地指定されて「あびこの杜」になった。そこは今も開拓時代のまま残されている。その「あびこの杜」を案内してもらったが、平坦な土地はほとんどなく、ところどころに緩斜面はあっても、全体はかなりの急斜面である。沢水が流れていたところも勾配《こうばい》がきつく、バケツに水を入れてこの斜面を子供が運び上げるのは相当の重労働だったはずだ。歩くのも難儀な斜面を、七十歳の吾孫さんはいとも簡単に駆け降りていった。

　苦労の連続だったが、それでも吾孫さんには母との楽しかった日々が記憶の底にしっかりと刻まれているという。

「良いことも悪いこともいっぱいありましたが、私が恵まれていたと思うのは、クリスマスになると、あの忙しい母が必ずケーキを作ってくれたことです。鶏を飼っていたから、ときどき潰して鍋料理なんかもしてくれ、梅雨の時期になると、学校から帰ってきたらテーブルの上に木苺《きいちご》がどんぶりにいっぱい置かれていたこともありました。

　高度経済成長が始まって山林がどんどん宅地化されるようになると、よく言い争いをしましたね。いろんな業者が来るんです。母は気がいいから相手の言いなりに引き受けるのですが、私がそんなことをやっても損するだけだから駄目だと反対すると喧嘩になるんです。そのうち母は土地をめぐって詐欺《さぎ》まがいのことに巻き込まれます。父親の友人に騙《だま》されて、土地の売買契約書にサインをしたため、裁判は十数年間も続きました。最終的に勝訴しましたが、裁判中は土地が売れないから税金も学校の月謝も払えないんです。生活費にも事欠くどん底の生活でしたね。裁判が終わったのは、私が二十四、五（歳）のときで、その頃からようやく普通の生活ができるようになりました」

やがて、急速な都市化によって土地の評価額が上がり、今度は固定資産税の支払いに追われるようになる。

「私が四十代になった頃、やっとこの辺も下水道が通るようになったのはいいのですが、今度は固定資産税が巨額になって、私の給料で払えなくなったんです。母と相談してアパートを建て、その賃貸収入でやっと税金を払いました。バブル期には十億円で売ってほしいという業者もいくつかありましたが、仙台市の緑地協定のために土地は売れないんです。おかげで私は年金を全部税金に充《あ》てています。それでも足りないくらいです。生活苦からやっと抜け出したと思ったら、今度は税金に追われる生活だなんてね」

吾孫さんは苦笑《にがわら》いしながら言った。

母は働きづめに働いて四人の子供たちを育てた。姉二人と妹一人は外に出たが、吾孫さんだけは長男だったために家を離れられなかった。「男が一人だから頼りにされていたのかもしれませんが、二十歳の頃から勤めのかたわら、母の片棒を担《かつ》がされて家のことを手伝ってきた」

という。吾孫さんは「そんなこともあったから、母は私のところに出てきたのかな」と言った。

吾孫さんは、今回の不思議な体験を、東北に残る山岳信仰に重ねた。

「おじいちゃんやおばあちゃんが、子供や孫のことを心配して、ずっと見守ってあげるからねとよく言います。人は死んでも、そういう思いは残るんだと、今回の体験で感じました。東北には葉山《はやま》神社というのがあります。そのうしろに綺麗な形の山があって、里で死んだ人たちの魂がその山の頂《いただき》に宿って、村人たちを見守っているんだそうです。これが葉山信仰につながるのですが、葉山信仰は山岳信仰の一種です。死んでも子供たちのことを見守ってくれるという信仰は、東北では古代から続く素朴な信仰だったのでしょう。母もご先祖も、私たちを何処《どこ》かで見守ってくれていると思うんです。あの不思議な体験がなかったら、そのことに気づかなかったかもしれません」

葉山信仰は「端山信仰」とも書く。「端山」とは、「この世」と「あの世」の「端」の山である。人が死ぬと霊は肉体を離れて近くの美しい山に昇る。そして山の頂にとどまった霊は、この世に遺した家族や子供たちを見守りつづけ、やがて浄《きよ》められてさらに高い「あの世」に昇っていく、と聞いたことがある。端山信仰とは、あの世とこの世をつなぐ思想であり、生者と死者が共に生きるための物語でもある。東北にはこんな信仰が今も残っているからこそ、不思議な体験が日常の中のワンシーンのように起こるのだろう。

この旅のしょっぱなは、ここで語られたような体験ではなかった。霊体験というよりも、どちらかといえば幽霊体験である。たとえば、石巻で聞いたこんな話がそうだ。十字路で前の車が止まったまま動かないので降りてたずねると、道路をたくさんの人が渡っているから待ってくれという。しかし、誰もそんな人は歩いていなかった――。当時は語る方も怖がっていたし、聞いている僕も怖かった。でも、僕が求めていたのはそういう〝恐怖体験〟ではない。津波で逝った大切なあの人と、共に生きようとしている人びとの物語を記録することだった。

今でも田舎に行けば、鴨居に先祖の写真を掲げている家がある。朝な夕なに先祖に声をかける。これも「あの世」とつながっている倫理観があるからだろう。「あの世」とのつながりが日本人の集合的無意識――宗教心といってもいい――としてあるなら、あるいは東北にまだそれが残っているなら、震災後も死者と生きる物語が綴《つづ》られていても不思議ではない。それが間違っていないことを確信したのは、二〇一四年三月の、震災から三年が過ぎた頃だ。その頃から、僕は不思議な体験を聞くようになった。

津波という不可抗力によって、大切な人を突然喪うという悲劇は、生き遺った人の心の中に大きな悲しみの澱《おり》を生んだ。ここに紹介した「亡き人との再会」ともいえる物語は、その悲しみを受け入れるためではない。むしろ大切なあの人との別れを認めず、姿は消えたがその存在を感じつつ、忘れることを拒否する自分を受け入れるためのように思う。きっとそれは、大切なあの人が、この世から忘れ去られないためでもあるのだろう。

旅を終えた僕は、東京に向かう新幹線に乗り込んだ。繁忙期なのか、車内はたくさんの人であふれていた。『遠野物語』から始まって、三年以上にわたったこの旅も、そろそろ終わりを迎える。「この世」を去った大切なあの人を語るときの、生き遺った人のにごりのない言葉に僕は何度震えたことだろう。その余韻の中で、僕は静かに目を閉じる。

イヤホンを耳にさしてある歌を聞いた。その歌声は、まるで津波で逝った死者たちが、僕に語りかけているように聞こえる。

百年前も　百年後も
私がいないことでは同じ
同じことなのに
生きていたことが帳消しになるかと思えば淋しい
街は回ってゆく　人一人消えた日も
何も変わる様子もなく　忙しく忙しく先へと
かけがえのないものなどいないと風は吹く

——**中島みゆき「永久欠番」**——

僕は、遺族の言葉でしか逢ったことのない亡きあの人たちにつぶやく。あなたが生きたことは決して忘れませんよ。忘れないということが、僕にできるささやかな行為なのですから。そして、多くの人の記憶に残るように、いつまでもいつまでも僕はあなたのことを刻みつづけますからね、と。

しかし、僕の中の記憶の器はもうすぐあふれそうだ。その一方で、死者との物語はいつ果てるともなく続くことだろう。僕はいったん東京に戻るが、いつかこの器を空っぽにして戻ってきたい。そして、ふたたびあなた方の物語を、あらたに「冬の旅」としてこの器に刻むことだろう。あなたがこの世に生きたことを帳消《ちょうけ》しにしないために。

旅のあとで

縁側で、秋のやわらかい日差しにつつまれながら、うつらうつらとまどろむ。東京に戻った僕は、しばらく夢うつつの中にいた。

この世にほんの一瞬あらわれた不思議な出来事は、そこにあらわれた死者と、それを体験した生者の長い長い物語の一コマにすぎない。もしこんな体験をしなければ、あるいは僕と出会わなかったら、おそらく誰も知らずに消えていったことだろう。それにしても、なぜ東北で、不思議なとしか形容できない出来事が、これほど多く出来《しゅったい》するのだろうか。

僕がこれまで聞いた物語を思い返していたときだった。実は不思議な体験の中に、僕自身が本書のテーマにそぐわないとして排除した、奇談怪談ともいえる話がたくさんあったことに気がついた。

その一例をあげる。気仙沼のT子さんの家に招かれたときだ。いきなり「幽霊が歌っているんです」と言って驚かされた。

「震災の翌年でした。入院していた母の見舞いから帰ってきた娘が『おばあちゃんは幽霊としゃべっとる』と言うものですから、そんな馬鹿《ばか》なと思って母の病室に泊まりこんだんです。その日の夜でした。ものすごく甲高い声で歌っているのが聞こえてくるんです。母は声がする方を見てニコニコしています。

『誰かいるの？』

母にたずねると、母は『やだね』と笑い、『ほら、子供たちがたくさんいるじゃないか』と言うんです。私には歌声は聞こえるのですが姿は見えません。でも、母には見えているようなんです。

『どんな子供たちなの？』

『かわいそうに、戦争で焼け出されたようなボロを着た子供もいるよ』

『怖くないの？』

『楽しいよ。お菓子をあげたいんだけど』

翌日、介護職の女性にたずねると、『震災でいっぱい人が亡くなったから、病院ではよく出る』ということでした。母が亡くなったのはその二週間後でしたが、あんな明るい幽霊に見送られて、きっと穏やかに旅立てたに違いありません」

これだけではない。たとえば、岩が山から転げ落ちたような音が聞こえたら、翌日、親しい叔父が亡くなった。大きな音を立てて家が揺れたら、息子が自死した――。詳細をここで紹介することは省《はぶ》くが、いずれも『遠野物語』に出てくるような話だ。実は本書に紹介した不思議な体験よりも、こうした霊体験のほうがはるかに多いのである。東北にはオフィシャルな世界とは別に、今も『遠野物語』の世界が息づいているのだろう。それゆえに、この地では彼岸と此岸にたいして差がないのだと思う。霊的な体験が語られるのも、こうした精神世界が、ここに住まう人たちに共有されているからだろう。

僕の知人の大学教授が、がんで亡くなる前にこんなことを言った。死ぬことがわかってから、合理的に理解できないスピリチュアルなことが周りでいっぱい起こっていることに気がついた。常識に囚《とら》われていると、そういうことに気づかないのだろうね、と――。魂魄《こんぱく》も、それに気づく人がいてこそ、この世にあらわれるのだろう。東北には、西洋的な常識に囚われない土壌《どじょう》があるゆえに、不思議な体験が日常茶飯《にちじょうさはん》に起こるのかもしれない。

この世に存在するのはモノだけではない。ある人を慈《いつく》しめば、慈しむその人の想いも存在するはずだ。この世界を成り立たせているのは、実はモノよりも、慈しみ、悲しみ、愛、情熱、哀れみ、憂《うれ》い、恐れ、怒りといった目に見えない心の働きかもしれない。だからこそ人の強い想いが魂魄となって、あるいは音となって、あるいは光となってこの世にあらわれる――。なんてことを、僕は夢うつつに妄想《もうそう》しながら、被災地で起こった不思議な体験のことを振り返っていた。

本書を書くことになった動機は「旅立ちの準備」で書いたが、実は、岡部さんに言われてしぶしぶ腰を上げたとはいえ、僕自身が納得していたわけではなかった。どうしたものか戸惑っている僕に決意を促《うなが》したのは、石巻の遠藤由理さんの言葉である。

「霊体験なんてこれまで信じたことがなかったのに、自分がその体験者になって、頭がおかしくなったんじゃないかと思っている人もいます。同じような体験をした人が他にもたくさんいるとわかったら、自分はヘンだと思わないですよね。そういうことが普通にしゃべれる社会になってほしいんです」

とはいえ、困ったのは、これが〝ノンフィクション〟として成り立つのかどうかということだった。なにしろ、語ってもらっても、その話が事実かどうか検証できない。再現性もないし、客観的な検証もできない。どうやってそれを事実であると伝えるのか。

不思議な体験が真実かどうかはすべて語られる言葉の中にある。それを毀《こわ》さないようにそっと受け取るのが僕の役割だ。それなら他者の目で検証するのではなく、僕自身が確かめてみるしかない。その手法として思いついたのが、一人の語り手に最低でも三回会うことだった。三回も会えば、その話が虚偽かどうかはわかるはずである。「夏の旅」では、語り手に三回以上会う理由を、語られる物語が変化していく様を知りたかったなどと書いた。それも事実なのだが、しょっぱなはこういうことだったのである。ただ、結論からいえば、私に嘘までついて会う理由がないのだから、三回も会う必要はなかった。しかし、結果的にはそれがよかったと思っている。プライバシーに関わることだから、最初は慎重に構えていた人も、三回目以上になるとかなりリラックスして話してくれたのだから。

また、津波で大切な人を喪った方と、津波の被害とは無縁の僕とでは、感覚的にも大きな落差がある。それを埋めるためには、少なくとも三回は会う時間が必要だったように思う。たとえば、千葉みよ子さんの話の中に「陛下が来られるまで、私たちは誰からも声をかけてもらえなかった」という言葉がある。おそらく津波と無関係な人なら、「どう声をかけていいかわからなかっただけではないか」と思ったはずだ。そのことを冒頭で紹介した亀井繁さんに伝えると、こう言われた。

「それは同じような悲劇を体験していない人の言い分です。大切な人を亡くした人は、無視されることで、誰にもわかってもらえないんだと思って、孤独感がどんどん膨らんでいくのです。悲しみがわかる人なら、かける言葉がなくても会いに行ったり、背中をさすったり、一緒に泣いてくれます」

このあと、僕は再び千葉さんに会って聞き直したのだが、こんなことはよくあり、僕はそのたびにハッとさせられた。

本書は、月刊『新潮』二〇一六年四月号、九月号、十月号に連載したものと、別冊現代『G2』第十九号（二〇一五年五月二十二日号）に掲載したものを改稿、改編した。本書に登場する方々の年齢は、取材時の年齢を記した。また、事情があって一部仮名の人もいるが、大半は実名である。ここでは「春の旅」「夏の旅」「秋の旅」としているが、実際は三年半にわたって訪ね歩いた旅を三つの旅にまとめたものだ。「冬の旅」がないのは、今後もこの旅は続き、「冬の旅」として完結させたいという気持ちからである。

それにしても、極めてプライベートなことにもかかわらず、快くかどうかは別にして、真摯《しんし》に僕を受け入れてくださった被災地のみなさんにあらためて感謝したい。また取材にあたって、通大寺の金田《かねた》諦應《たいおう》さん、高田病院前院長の石木幹人さん、熊谷光良・聖子さんご夫妻、小山圭璋さん、河北新報の中島剛さん、同紙・古賀佑美さん、そして「東海新報」「三陸新報」「岩手日報」「けせんぬまさいがいエフエム」各社のみなさんにひとかたならぬご協力をいただいた。さらに、かけがえのない貴重な写真を提供してくださった方々にも深く感謝したい。

また、月刊『新潮』掲載時には矢野優氏に、単行本化には丸山秀樹氏にお世話になった。あらためてお礼を申し上げる。

奥野修司

地図製作／ブリュッケ
カバー写真／田中和義（新潮社写真部）
〔宮城県石巻市・日和大橋より望む〕
装幀／新潮社装幀室

奥野修司（おくの・しゅうじ）

1948年、大阪府生まれ。ノンフィクション作家。立命館大学卒業。

78年から南米で日系移民を調査する。帰国後、フリージャーナリストとして活動。

『ナツコ 沖縄密貿易の女王』で、2005年に講談社ノンフィクション賞を、2006年に大宅壮一ノンフィクション賞を受賞。

『心にナイフをしのばせて』『ねじれた絆』『皇太子誕生』『「副作用のない抗がん剤」の誕生 がん治療革命』など著作多数。

魂《たましい》でもいいから、そばにいて
3・11後《ご》の霊体験《れいたいけん》を聞《き》く

著　者　奥野修司《おくのしゅうじ》

発　行　2017年2月25日
19　刷　2019年3月5日

発行者　佐藤隆信
発行所　株式会社新潮社　郵便番号162-8711
東京都新宿区矢来町71
電話：編集部03(3266)5611
読者係03(3266)5111
http://www.shinchosha.co.jp
印刷所／株式会社光邦
製本所／大口製本印刷株式会社

乱丁・落丁本は、ご面倒ですが小社読者係宛お送り下さい。送料小社負担にてお取替えいたします。
ISBN978-4-10-404902-8　C0095
価格はカバーに表示してあります。